# 《宋會要輯稿·食貨》賦稅詞語研究

劉力舸　劉夢晰　楊揚　李欣欣 著

四川大學出版社
SICHUAN UNIVERSITY PRESS

項目策劃：徐　凱
責任編輯：徐　凱
責任校對：毛張琳
封面設計：墨創文化
責任印製：王　煒

**圖書在版編目（CIP）數據**

《宋會要輯稿·食貨》賦稅詞語研究 / 劉力舸等著
. — 成都：四川大學出版社，2021.4
（博士文庫）
ISBN 978-7-5690-4147-7

Ⅰ . ①宋… Ⅱ . ①劉… Ⅲ . ①賦稅－古詞語－研究
Ⅳ . ①H131

中國版本圖書館CIP數據核字（2021）第 006010 號

| | |
|---|---|
| 書名 | 《宋會要輯稿·食貨》賦稅詞語研究 |
| 著　者 | 劉力舸　劉夢晰　楊　揚　李欣欣 |
| 出　版 | 四川大學出版社 |
| 地　址 | 成都市一環路南一段24號（610065） |
| 發　行 | 四川大學出版社 |
| 書　號 | ISBN 978-7-5690-4147-7 |
| 印前製作 | 四川勝翔數碼印務設計有限公司 |
| 印　刷 | 成都金龍印務有限責任公司 |
| 成品尺寸 | 170mm×240mm |
| 印　張 | 8 |
| 字　數 | 131千字 |
| 版　次 | 2021年4月第1版 |
| 印　次 | 2021年4月第1次印刷 |
| 定　價 | 40.00 圓 |

**版權所有◆侵權必究**

◆ 讀者郵購本書，請與本社發行科聯繫。
　 電話：(028)85408408/(028)85401670/
　 (028)86408023　郵政編碼：610065
◆ 本社圖書如有印裝質量問題，請寄回出版社調換。
◆ 網址：http://press.scu.edu.cn

四川大學出版社
微信公眾號

# 前 言

　　本書以《宋會要輯稿·食貨》爲一個封閉的語料庫，采用定量統計、定性研究、共時描寫、歷時比較等方法對其中的賦稅詞語進行統計和研究，并對部分賦稅詞語進行了重點分析和比較。全書共五部分，主要内容包括以下幾個方面：

　　緒論主要介紹《宋會要輯稿》的輯録者、版本與内容，并梳理了關於《宋會要輯稿》與經濟詞彙自1932年至2015年的研究現狀，同時分析了《宋會要輯稿·食貨》賦稅詞彙的研究價值，説明了本書運用的研究方法。

　　第一章主要對《宋會要輯稿·食貨》賦稅詞語進行了界定與分類，并對其特點與概貌進行了描述。

　　第二章重點對《宋會要輯稿·食貨》賦稅名稱詞及基本詞進行了共時描寫，并對構成賦稅名稱的基本詞從商周至明清的變化進行了歷時研究。

　　第三章主要對《宋會要輯稿·食貨》賦稅詞中所體現的宋代稅收制度的發展變化進行了研究，并對賦稅詞中所體現的宋代商業與城市稅制的發展、宋代賦稅制度中出現的新因素以及宋代賦稅的緩征減免和苛稅剥削進行了分析。

　　第四章主要對《宋會要輯稿·食貨》中所見《漢語大詞典》及《漢語大詞典訂補》中未收的部分賦稅詞作了考釋，希望能爲辭書補正提供一些資料。

當然，本書還存在繼續研究的空間，如對征納物資的研究以及對各類賦稅詞語的細緻描寫等。此外，本書僅針對《宋會要輯稿·食貨》中與賦稅有關的詞語進行研究，《宋會要輯稿》其他章節仍存在部分賦稅詞語，有待今後深入探究。

# 目　錄

緒　論 …………………………………………………………（ 1 ）

**第一章　《宋會要輯稿·食貨》賦稅詞語概貌** ………………（ 15 ）
　第一節　《宋會要輯稿·食貨》賦稅詞語的語義界定 ………（ 15 ）
　第二節　《宋會要輯稿·食貨》賦稅詞語的詞彙化特征 ……（ 16 ）
　第三節　《宋會要輯稿·食貨》賦稅詞語的分類 ……………（ 17 ）
　本章小結 ………………………………………………………（ 28 ）

**第二章　《宋會要輯稿·食貨》賦稅名稱詞研究** ……………（ 31 ）
　第一節　稅名基本詞的共時研究 ……………………………（ 31 ）
　第二節　稅名基本詞的歷時研究 ……………………………（ 43 ）
　本章小結 ………………………………………………………（ 71 ）

**第三章　《宋會要輯稿·食貨》賦稅詞體現的宋代稅收制度** …（ 75 ）
　第一節　從賦稅詞看宋代商業與城市稅制的發展 …………（ 75 ）
　第二節　從賦稅詞看宋代稅收制度中的新因素 ……………（ 80 ）
　第三節　從賦稅詞看宋代稅收制度的雙面性 ………………（ 86 ）
　本章小結 ………………………………………………………（103）

**第四章　《宋會要輯稿·食貨》賦稅詞對辭書的補正** ………（104）
　第一節　《宋會要輯稿·食貨》賦稅詞爲辭書增補詞目 ……（104）

第二節 《宋會要輯稿·食貨》賦税詞爲辭書增補義項………（109）
本章小結……………………………………………………………（112）

結　語………………………………………………………………（113）

參考文獻……………………………………………………………（115）

# 緒 論

## 一、《宋會要輯稿》簡介

### (一)《宋會要輯稿》的版本與體例

"會要"是一種史書體裁，始創於唐代，成熟於宋代，宋代秘書省設"會要所"，由宰臣提舉，定期撰寫。《宋會要》本爲政書，其性質相當於資料匯編，現在所稱的《宋會要》實際上是對宋代歷朝所修《會要》的總稱。根據史料和學者的研究，宋代共編成《會要》十一部，分別是：《慶曆國朝會要》（太祖、太宗、真宗、仁宗四朝）、《元豐增修五朝會要》（太祖、太宗、真宗、仁宗、英宗五朝）、《政和重修會要》（神宗、哲宗、徽宗三朝）、《乾道續四朝會要》（神宗、哲宗、徽宗、欽宗四朝）、《乾道中興會要》（高宗朝）、《淳熙會要》（孝宗朝）、《嘉泰孝宗會要》（孝宗朝）、《慶元光宗會要》（光宗朝）、《嘉泰寧宗會要》（寧宗朝）、《嘉定國朝會要》（太祖至孝宗朝）、《十三朝會要》（太祖至寧宗朝，李心傳修，也有人認爲即《嘉定國朝會要》），另有《宋史·度宗紀》提及度宗朝曾編《理宗會要》，具體情況不詳，《宋會要輯稿》亦未收。宋代官修《會要》卷帙浩繁，并且由於《會要》關涉朝政機密，故嚴禁刊刻流傳，《宋會要輯稿·刑法》載："本朝會要、實錄不得雕印，違者徒二年，告者賞緡錢十萬。"因此《宋會要》無法廣泛地流傳於世，加上歷經宋末元初、元末明初兩次戰亂，多有散佚，明初，明成祖朱棣編《永樂大典》網羅天下文獻，《宋會要》亦在其中，編修者將其按韻收入《永樂大典》，然而至明中葉，《文淵閣書目》著録《宋會要》已注明"缺"，《宋會要》原本當時可能已經不存，故而《宋會要》的内容主要保存於《永樂大典》。

清嘉慶十五年（1810），徐松被派入文穎館任提調兼總纂官，負責全面編修《全唐文》，於是他利用此機會，假借修《全唐文》之名從《永樂大典》中輯出《宋會要》。由於《宋會要》卷帙浩繁，條目紛雜，輯錄起來比較困難，且受限於當時的條件，無法精細校勘，故而徐松的輯錄問題不少，影響了輯稿的質量。但由於《永樂大典》有正副兩本，正本在明代已經散佚，副本則在清乾隆時修《四庫全書》時殘去約十分之一，清末英法聯軍和八國聯軍侵華後，絕大部分又被損毀，幾經戰火散佚大半，故而我們今天得以一窺《宋會要》之部分原貌，徐松的輯錄工作功不可沒。從《輯稿》上的徐松批語及李兆洛、嚴可均致徐松的信札可知，徐松對輯稿做過一些初步的整理工作。經過徐松初步整理的《宋會要》，學界將其稱爲"徐松原輯本"，不過，徐松輯錄《宋會要》在嘉慶十五年，此時《永樂大典》已非全帙，故而其所輯錄的《宋會要》亦非全部。湯中在《宋會要研究》中引劉承幹語，徐松原輯本"五百卷，一卷一册，極薄，亦有百數十頁一册者"①，由於《永樂大典》各卷中所收《宋會要》文多少有些不同，因而各册厚薄不均，陳志超在《解開〈宋會要〉之迷》一書中推測徐松輯錄《宋會要》的第一步就是按照《永樂大典》的順序將各卷中收錄的《宋會要》文抄錄并分裝成五百册。②

徐松死後，其原輯本於同治年間散出，後輾轉流入北京琉璃廠，光緒中爲繆荃孫於北京琉璃廠翰文齋購得。光緒十三年（1887），兩廣總督張之洞於廣州創辦廣雅書局，繆荃孫携《宋會要》原輯本歸書局。次年，張之洞請繆荃孫和屠寄兩人在書局中對此輯本進行整理和勘校。光緒十四年（1888），繆荃孫丁憂回江陰故里，光緒十五年（1889），張之洞調任湖廣總督，次年屠寄亦調任兩湖書院教習，校理《宋會要》工作因而中斷。在這短短幾年中，繆、屠二人的整理工作只進行了一部分，主要是帝系、后妃、職官及禮類的一部分，屠寄整理的職官類最爲完整。繆、屠二人的整理工作與徐松有所不同，徐松是就《永樂大典》整

---

① 湯中. 宋會要研究［M］. 北京：商務印書館，1932.
② 陳智超. 解開《宋會要》之謎［M］. 北京：社會科學文獻出版社，1995.

理的，繆、屠二人則是另寫新本準備刻印，故而除了徐松原輯本之外，他們還留下了一個整理本，因其尚未整理完畢，後世將繆、屠二人整理的輯本稱爲"廣雅稿本"。

徐松原輯本經繆、屠二人整理後面目有所改變，後來，這個改變後的徐松原輯本連同廣雅稿本落入廣雅書局提調王秉恩手中，後由嘉業堂藏書樓主人劉承幹於民國四年（1915）和十二年（1923）分兩次從王秉恩處重金購得。劉承幹是保存《宋會要》不至散佚的又一大功臣。劉承幹聘劉富曾及費有容兩人在廣雅稿本的基礎上繼續整理《宋會要》輯本，他們的整理方式同繆、屠類似，將《宋會要》輯本當作底本再另寫新本，整理出署名爲"吳興劉承幹編定"的《宋會要》清本，學界將其稱爲"嘉業堂清本"。費、劉二人的整理用力甚勤，然而他們將原稿直接打亂重編，加之對原稿校勘不慎，原稿的錯誤也保留了很多，并且他們對原稿之文率意增刪篡改、分合移并而不加標注，使得整理的輯本次序零亂，面目全非，葉渭清曾寫《宋會要校記》專糾嘉業堂清本之誤，并直言"其書功不補過"，湯中也在《宋會要研究》一書中指出："徐輯稿本，被劉富曾割裂拆釘，已失原目，至爲可惜。"

由於劉承幹當時的目的是另寫清本，故而今本《宋會要輯稿》并不是整理的結果，而是本來準備被遺棄之物。《宋會要》輯本被劉承幹收藏後，日本學者藤田豐八曾借鈔"市舶司"部分，以此爲主要材料，寫成《宋代市舶司與市舶條例》。1931年，北平圖書館從劉承幹處購得徐松原輯本的主要部分，經葉渭清整理，1936年影印出版爲《宋會要輯稿》。1957年，中華書局將《宋會要輯稿》影印發行，《宋會要輯稿》才得以廣泛流傳。而被劉富曾等人廢弃的遺稿則流落至琉璃廠來薰閣，1953年爲北京圖書館購得，1988年由陳智超整理出版爲《宋會要輯稿補編》，這兩部書就是至今已知尚存的《宋會要》徐松原輯本的全部。

20世紀90年代，四川大學古籍整理所與美國哈佛大學、台灣地區"中央"研究院歷史語言研究所合作，由四川大學古籍所負責校點，出版了電子版《宋會要輯稿》點校本（包括《宋會要輯稿補編》），後納入台灣地區"'中研院'漢籍電子文獻"（即"漢籍全文資料庫"），2009年，四川大學古籍所與上海古籍出版社合作，由四川大學古籍所以上述電子版（不包括《宋會要輯稿補編》）爲基礎進行增訂改造，點校加工，於2014年由上海古籍出版社出版。原電子版《宋會要輯稿》約有校記15000條，而該書則超過33000餘條，增加了一倍多，原來的校記也作了很多增删改寫。

現存可見中華書局1957年影印本《宋會要輯稿》共八册366卷，在内容上包括政治、經濟、文化、軍事、外交、天文、地理各個方面，是供宋代皇帝與官僚處理政務時參考的。編者將收集到的檔案材料根據處理政事的需要分門别類，門類分爲帝系、后妃、樂、禮、輿服、儀制、瑞異、運曆、崇儒、職官、選舉、食貨、刑法、兵、方域、蕃夷、道釋17門，許多部分首行頂格，版心魚尾上寫"全唐文"三字，這是徐松爲掩蓋其輯《宋會要》而加，每一部分次行低三格寫"宋會要"等字，對照現存《永樂大典》殘本可知此即《永樂大典》編者所著録的出處。

本書以1957年中華書局影印版《宋會要輯稿》及1988年陳智超整理的《宋會要輯稿補編》爲主要版本，并參考上海古籍出版社2014年出版的點校版《宋會要輯稿》，對其中食貨篇的賦税類詞彙進行研究。

(二)《宋會要輯稿》得以留存的三位功臣

陳志超在《解開〈宋會要〉之謎》中談到，《宋會要》得以保存和流傳，徐松的首次輯録工作、繆荃孫的第二次整理工作和劉承幹的重金購得保存是功不可没的，三人是《宋會要》得以留存的功臣，本節將對徐松、繆荃孫和劉承幹進行簡要介紹。

1. 徐松

《宋會要輯稿》的第一個輯録與整理者是徐松。徐松生於乾隆四十六年（1781），字星伯，原籍浙江上虞，后僑居順天大興（今北京大興區）。嘉慶五年（1800），徐松二十歲得中恩科舉人，后於嘉慶十年（1805）會試得中進士，殿試二甲第一，朝考一等第一，改庶吉士，嘉慶十二年（1807）授翰林院編修，入直南書房，時年二十七歲，可謂少年得志。徐松既博通經史小學，金石、版本、輿地亦無所不通，故以學識名重當時。嘉慶十五年（1810），徐松被派入文穎館任提調兼總纂官，全面負責編修《全唐文》，在此期間，他利用職務上的便利，從《永樂大典》等其他大内典籍中輯録出《宋會要輯稿》《河南志》《中興禮書》

等重要的唐宋典籍，同時開始撰寫《登科記考》《唐兩京城坊考》等考據學力作，并以其精深的考據功力和才識成爲乾嘉學派後期的中堅力量。

徐松雖少年得志，但一生歷經坎坷，仕途蹭蹬。在擔任文穎館總纂官的同年，徐松又出任湖南學政，主管湖南省學務及科考。而立之年的一帆風順引來了官場同僚的嫉妒，上任不到一年，徐松即遭御史趙慎畛彈劾，犯需索陋規及出題割裂聖經等九款罪狀，後經初彭齡等人查辦，定其罪名爲刻印《經文試帖新編》令童生購買而得利。嘉慶十七年（1812），徐松被判流放新疆伊犁，時年三十二歲。在伊犁的流放生涯中，徐松仍然堅持著書，嘉慶十九年（1814），伊犁將軍松筠曾利用在伊犁戍守的文職遣員撰寫一部名爲《西陲總統事略》的志書，徐松到來後，松筠請他繼續修訂該書。這部經過徐松修訂的通志後來得到道光皇帝的青睞，并新賜書名爲《新疆識略》，還親自撰序，付武英殿刊行，成爲當時最翔實的一部新疆地方志，從此"新疆"成爲一個省級行政區的專有地名。嘉慶二十年（1815），徐松遊歷阿克蘇、吐魯番、烏魯木齊等地，并撰寫《新疆賦》，該賦以葱嶺大夫、烏孫使者的相互問答詠天山南北地理之勢，頌乾隆平定西域之功。嘉慶二十四年（1819），徐松被赦免還京，官至禮部郎中。流放歸來的徐松根據自己在新疆的見聞寫成《西域水道記》，對新疆及其附近地區的歷史地理情況進行了研究。此後，除偶爾短暫離京爲官外，徐松幾乎定居京中治學，并成爲學壇宗師，以他爲中心，出現了以西北輿地學和蒙元史爲主要研究內容的"京師西北學人群"，龔自珍、魏源、何紹基等與徐松都有密切的往來和交流，他們共同使乾嘉學術向經世致用的方向轉變。道光二十八年（1848），徐松卒於北京，終年68歲。

作爲清代乾嘉學派的重要學者，徐松在文獻學、校勘學和地理學方面的研究成果對後世有著重要的價值，除了《宋會要輯稿》《河南志》《中興禮書》的輯錄外，其於道光元年（1821）撰寫成書的《西域水道記》將西域水道歸結爲11個水系，以西域水道爲綱，在詳細記載各條河流的同時也記述考證了沿岸城市聚落、屯田遊牧、日晷經緯、山川物產、民族歷史、水利駐軍等信息，并附加地圖計里畫方，是我國古代輿地著作中研究新疆水道湖泊最翔實、完備的一部著作①，也是研究西北歷史地理的重要文獻。

2. 繆荃孫

《宋會要》得以留存的第二大功臣是中國近代藏書家、校勘家、教育家、目錄學家、史學家、方志學家、金石學家繆荃孫。繆荃孫生於清道光二十四年（1844），初字小珊，號楚薌，後改字炎之，號筱珊，晚年又號藝風，江蘇江陰申港繆家村人。其出身於仕宦世家，祖父繆庭槐系嘉慶甲子（1804）進士，曾任平凉、西寧、甘州等府知府，平慶涇兵備道，父繆煥章爲道光丁酉（1837）舉人，官至貴州後補道，與徐松交往甚厚，著有《三朝北盟會編節要》《云樵詩話》《云樵詩草》等。繆荃孫幼承家學，自幼聰穎，6歲即入家塾，11歲即修畢五經，咸豐十年（1860）九月，太平軍一舉攻占常州，17歲的繆荃孫與繼母避兵居淮安，同治元年（1862）局勢稍定之際，繆荃孫得以就讀於當時樸學興盛之地麗正書院，經學家江藩、阮元曾在此講學，繆荃孫即師從當時的院長丁儉卿學習文字、訓詁、音韻之學，爲其走上學術道路打下了堅實的基礎。同治三年（1864），繆荃孫隨父遷居成都，客居十年間從湯成彦、宋寶械等修習文史，考訂文字，并開始翻閱《三通》《御覽》《皇清經解》等書，研究目錄版本之學。同治六年（1867）八月，繆荃孫以寄籍華陽監生應同治丁卯正科兼補壬戌鄉試，中一百二十八名舉人，隨後踏上了進京會試之路。在經歷同治七年（1868）、十年（1871）、十三年（1874）、光緒二年（1876）四次會試後，繆荃孫終於得中進士，此時的他深刻認識到科舉艱難與功名"雞肋"，日漸傾心學術，逐漸融入學術界，最終潜心治學。

在四次參加會試的過程中，繆荃孫曾充任總督吴棠、川東道姚彦侍幕僚，遊歷川東北，所過之處必搜括金石碑版拓本，研究金石之學，在同治七年（1868）第一次入京考試期間開始收書，治目錄之學，并被吴棠招入成都書局校刻《朱子全書》，次年又刻"八家文方望溪選本"、殿版《漢書》，光緒元年（1875）爲姚彦侍校訂《咫近齋叢書》，并受四川

---

① 牛海楨. 清代的西北邊疆史地學［EB/OL］. 國家清史纂修工程網，www. historychina. net，2004－5－26.

省學政張之洞的委托代撰《書目答問》草稿。光緒二年（1876），在四次參加會試後，33歲的繆荃孫得中進士，授庶吉士，入翰林院，從此完全踏上學術道路。光緒三年（1877），繆荃孫被授予散館編修之職，修纂《順天府志》，該志歷時十年編成，由於總纂張之洞發凡起例後即調職，繆荃孫就成了該書實際上的總纂。在編寫方志的過程中，繆荃孫的學術水平得到了極大的發展和提高，其爲該志撰寫的《遼故城考》《金故城考》《元遼故城考》《元故宫考》《明故宫考》等均爲考古佳作。繆荃孫的目錄學、金石學、方志學研究在《順天府志》的編纂過程中逐漸走向成熟。光緒八年（1822），繆荃孫任國使館修纂，於光緒十四年（1888）完成國史五傳（《儒林傳》《文苑傳》《循良傳》《孝友傳》《隱逸傳》）的編修。此時的繆荃孫却在編修《儒林傳》的過程中與掌院徐桐發生齟齬，被其壓制，仕途陷入困境。在完成國史五傳的編纂後，繆荃孫受江蘇督學楊頤之招，出任南菁書院山長，從此開啓講學生涯，此後又於濼源書院、南京中山書院、常州龍城書院等講學。光緒二十七年（1901），繆荃孫任江楚編譯局總纂，次年七月，鐘山書院改爲江南高等學堂，繆荃孫任學堂監督，總領高等、中、小三堂事，在改制中，繆荃孫主張中西并重，新舊同舉，符合當時的實際，成爲學校之傳統。光緒二十八（1902）年十二月，奉張之洞之命，繆荃孫率團赴日本考察學務。光緒二十九年（1903）兩江師範學堂創立，成爲我國第一所省級師範學校，也是南京大學和東南大學的前身，繆荃孫是創建者之一，并於光緒三十年（1904）至光緒三十三年（1907）年兼任兩江師範學堂稽察，光緒三十三年又受聘籌建江南圖書館（今南京圖書館），出任總辦。1909年受聘創辦北京京師圖書館（今中國國家圖書館），任正監督。宣統辛亥年（1911），辛亥革命爆發，九月十二日繆荃孫舉家流寓上海。繆荃孫在政治上雖然相信皇權，但自光緒甲午弃官以後對清廷早已失去信心，同時他對學術仍抱有拳拳之心，關心傳統文化的保存與發展。民國二年（1912）他給教育總長蔡元培寫信，要求他設法保護江南圖書館，并提出"學無古今，亦無中西"的觀點。民國三年（1914），繆荃孫參加并主持了《清史稿》的編纂，此時的他已年老體衰，但仍兩度赴京商辦史事，又於民國六年（1917）主纂《江陰縣續志》，致力於家鄉的文獻保存工作。民國八年十一月初一（1919年12月22日），繆荃孫因胃潰瘍發作在上海逝世。在去世的十天前他仍然在修纂《翁書元傳》，校《江文通集》，勘《書錄解題》，并準備撰"今在古書目"。

繆荃孫的一生伴隨著中國近代史的發生發展，與中國近代學術與教育史相關聯。他是清代乾嘉學派最後一代理董舊籍的代表，爲保護傳統文化遺產做出了巨大的努力，同時又爲中國近代教育事業做出了杰出的貢獻，爲我國文化的傳承奠定了良好的基礎。

### 3. 劉承幹

《宋會要》的第三次保存和輯錄與藏書家劉承幹有著重要的關係。劉承幹，字貞一，號翰怡、求恕居士，晚年自稱嘉業老人。浙江省吳興縣（今湖州市）南潯鎮人，其父劉錦藻既是江淮鹽商巨賈，又有進士功名傍身，曾授郎中簽分工部都水司行走、内閣侍讀學士等銜，晚年熱衷於清代史料的整理。劉承幹出身於商賈世家、書香門第，雄厚的家庭財力和濃厚的文化氛圍使其受到了優良教育，同時也對其科舉入仕產生了深刻的影響。幼年的劉承幹就讀於潯溪書院，這是一所在西學浪潮之下創辦的新式學堂，教授内容除了傳統經史以外還包括聲光化電等自然科學。光緒三十一年（1905），劉承幹參加科舉考試，得中秀才，以優行，附貢生。同年九月，清政府決定於次年徹底廢除科舉制度，劉承幹科舉入仕的夢想破滅。然而他并未退却，而是決定效法先祖，不惜重金換來官銜，此後因連續在各地賑灾中捐銀三萬餘兩，累獲分部郎中、三品卿銜、四品京堂等銜，故當時有"京卿"之稱。後時局變幻，清朝覆滅，中華民國成立，希望光宗耀祖的劉承幹選擇繼續效忠於清室，對溥儀的各項活動積極貢獻巨金，只爲得到一個個空洞的虛銜，可見劉承幹的遺老情結是非常深重的，其所作所爲受到父輩價值觀的深刻影響，這也是一個時代給家庭和個人帶來的局限。

1911年，辛亥革命爆發前，劉承幹舉家由南潯遷居滬上，并與其同鄉，即當時從事鹽務、紡織業的實業家周慶雲發起組織淞社，廣泛結交前清遺老、文人雅士，定期雅集，飲酒賦詩，在接觸遺老文人的同時，劉承幹爲助其生計，同時爲繼承其父劉錦藻編著《清續文獻通考》和繼父劉安瀾編輯清朝《詩萃》的事業，大量收購遺老文人所售史部典籍和清人集部等，這些都直接促成了劉承幹日後的藏書事業。而就在當時，正在編寫《晚晴簃詩匯》的徐世昌與劉承幹殊途同歸，亦重各家詩集的收録，形成了南劉北徐争購藏書的局面。1913 年，劉承幹開始刊刻《嘉業堂叢書》《吴興叢書》《求恕齋叢書》《留餘草堂叢書》《嘉業堂金石叢書》等。1917 年則先後延聘繆荃孫、吴昌綬、董康等編纂《嘉業堂藏書志》，并於 1920 年開始興建嘉業藏書樓。然而，時局的動蕩影響了劉承幹的藏書事業，1937 年，嘉業藏書樓爲日軍所侵占，劉承幹遂將藏書運往上海，至 1942 年共運藏書 4028 種 62081 册。1940 年，59 歲的劉承幹開始出售嘉業藏書樓藏書，至 1941 年，劉承幹通過文獻保存同志會以 25 萬元的價格將 1200 餘種明刊本、36 種鈔校稿本賣給中央圖書館，又於 1951 年將嘉業藏書樓及其所藏書籍 113978 册、碑帖 2528 通、自印書 27537 册、印書雕版 39559 片捐獻給浙江圖書館。所散之書現藏於國家圖書館、浙江大學圖書館、復旦大學圖書館、浙江圖書館以及台灣地區的"中央"圖書館、"中央"研究院等。[①]

1963 年，劉承幹病逝於滬上，終年 82 歲。作爲中國近代著名藏書家，除了收藏圖書外，劉承幹還自己雕版刻書，除了《嘉業堂叢書》《吴興叢書》《求恕齋叢書》《留餘草堂叢書》《嘉業堂金石叢書》外，他還刊刻了《影宋四史》《舊五代史注》等，被清政府列爲禁書的《安龍逸史》《翁山文補》等也被他大量刊刻。劉承幹以清朝遺老自居，同時又極力搜羅前清禁書大量刊刻，魯迅曾評價其爲"傻公子"，然而他的刻書態度頗爲嚴謹，凡刊刻必經多次校讎，所刻印又多贈與學人，故而魯迅先生在《病後雜談》中談到劉承幹時亦云："對於這種刻書家，我是很感激的。"陳志歲先生亦尊其爲"篤公子"。除此之外，劉承幹在學術上也取得了相當豐碩的成果，如其著《再續清代碑傳録》，稿本歸中華書局，尚未正式出版；《清遺民録》，稿本藏老友家；《歷代詞人考略》委托周頤代撰，稿本藏北京圖書館，唐圭璋先生認爲其比康熙年間沈辰垣所編《歷代詩餘》所附《詞人姓氏録》更爲詳細，頗有參考價值。[②]

---

① 項文惠. 嘉業堂主——劉承幹傳 [M]. 杭州：浙江人民出版社，2005.
② 項文惠. 嘉業堂主——劉承幹傳 [M]. 杭州：浙江人民出版社，2005.

## 二、《宋會要輯稿》及經濟與賦稅詞語研究現狀

### （一）《宋會要輯稿》的研究現狀

關於《宋會要輯稿》的專書研究主要分爲四個方面，即版本及校勘研究、相關工具書的編纂、史料價值的研究及詞彙學的探討。

在版本及校勘研究方面，現存最早的、較爲系統的考證專著爲20世紀30年代初湯中所著《宋會要研究》，該書考訂了宋代官修《會要》的情况，同時深入考察了《永樂大典》本《宋會要輯稿》的内容，奠定了《宋會要輯稿》研究的基礎。20世紀80年代后在《宋會要》研究方面貢獻最大的兩位學者是陳智超和王雲海。王雲海於1984年和1986年出版了《宋會要輯稿研究》和《宋會要輯稿考校》兩部專著，其中《宋會要輯稿研究》對宋代官修《會要》的規模及後世《宋會要》的流傳和輯録問題進行了探討，并分析了《宋會要輯稿》的史料價值和存在的問題；《宋會要輯稿考校》將中華書局影印出版的殘本《永樂大典》與《宋會要輯稿》進行比較，重新輯出了缺漏條目，補正了脱訛錯誤的内容，取得了突破性的校訂成果。1988年，陳智超利用北京圖書館所藏被視爲弃稿的部分《宋會要》稿編就《宋會要輯稿補編》，并於1995年寫就出版了《解開〈宋會要〉之謎》一書，該書旨在恢復《宋會要》的原貌，在討論《宋會要輯稿》的記録與版本問題之外，還提出了《宋會要》的復原方案。此外，王、陳兩位學者還發表了一系列關於《宋會要輯稿》的版本及校勘研究的重要論文，陳智超於20世紀80年代發表了一系列重要文章，如《〈宋會要〉兩議》《〈宋會要輯稿〉遺文、廣雅稿本及嘉業堂清本的再發現》《〈宋會要輯稿〉的前世和來世》《宋會要輯稿複文成因補析》《〈宋會要輯稿〉校勘札記》《〈宋會要〉的利用與整理》，王雲海撰有《〈宋會要〉兩議》《徐輯〈宋會要〉原稿的"副本"問題》《評〈宋會要研究備要〉》《〈宋會要輯稿〉重出篇幅成因考》《〈宋會要輯稿〉校勘擧例》等。其他關於《宋會要輯稿》版本及校勘學方面的研究論文還有王瑞來《〈宋會要輯稿〉證誤——〈職官〉七八宰輔罷免之部》，王蓉貴《淺説〈宋會要輯稿〉記時之誤》，龔延明《〈宋會要

輯稿〉證誤》，尹波《〈宋會要輯稿〉錯簡脫漏例分》《古籍校勘的路徑——以〈宋會要輯稿〉爲例》等。

在相關工具書的編纂方面，早在1937年，日本學者小沼正則編制了《宋會要食貨目録》。1939年，日本學者江田忠在湯中《宋會要研究》的基礎上編撰了《徐輯〈宋會要〉稿本目録》。1958年，法國學者Etuenne與Balazs將《宋會要輯稿》的食貨、職官、刑法、方域四類編成《宋會要目次》。1970年，日本東洋文庫宋代史研究會在前人的基礎上編制了《宋會要研究備要》。1980年，我國台灣地區學者王德毅編制了《宋會要輯稿人名索引》。1982年，日本東洋文庫宋代史研究會出版了《宋會要輯稿·食貨索引》。

在史料價值的探討上，前文所述王雲海《〈宋會要輯稿〉研究》已對《宋會要輯稿》的史料價值及存在的問題進行了探討，在宋史研究中，研究者多以《宋會要輯稿》作爲史料依據，引證頗多。而關於《宋會要輯稿》本身的史料價值的研究主要集中在史料的勘誤上，相關研究成果主要有曾維剛《〈宋會要輯稿〉張宗元資料辯誤》、袁茹《曾惇知黄州、台州時間考——兼〈宋會要輯稿〉辨誤一則》、張春義《〈宋會要輯稿〉大晟府史料系年訂誤》等。

在詞彙學的探討方面，關於《宋會要輯稿》的语言詞彙研究相對薄弱，日本東洋文庫2008年出版了《〈宋會要輯稿〉食貨篇社會經濟用語集成》，收録了《宋會要輯稿·食貨》中的社會經濟用語，但并未進行解釋；四川大學黄錦君於2004年發表《〈宋會要輯稿〉及其詞語漫談》一文，對《宋會要輯稿》中所見部分詞彙進行了例釋，認爲《宋會要輯稿》在詞彙方面具有較大的研究空間和價值。

(二) 經濟與賦税詞語研究現狀

學界目前關於經濟詞彙方面的研究主要集中在專書研究和斷代研究兩個方面。專書研究主要以專書和專門文獻中出現的經濟詞彙爲研究對象，對其進行例釋和考證。如董志翹《敦煌社會經濟文獻詞語略考》(2004)對敦煌文獻中出現的詞語進行了單詞例釋，其中涉及部分社會經濟類詞語；黑維強《敦煌社會經濟文獻詞語考釋》(2004)、《論敦煌社會經濟文獻中的外來詞》(2008)、《敦煌社會經濟文獻釋詞六則》

(2009)、《敦煌社會經濟文獻釋詞》(2009)、《敦煌社會經濟文獻詞語選釋》(2010) 對敦煌社會經濟文獻中的部分詞語進行了例釋，并於 2010 年出版《敦煌、吐魯番社會經濟文獻詞彙研究》一書，對敦煌、吐魯番社會經濟文獻中的新詞新義、方言詞、外來詞及疑難詞語進行了系統考釋和研究，其中涉及經濟類詞彙。黃英《敦煌社會經濟文獻詞語札記》(2008)、《敦煌經濟文獻"團鋸博士"釋義考辯》(2014)、《敦煌經濟文獻紡織品詞語匯釋》(2015)、黃大祥《敦煌社會經濟文獻詞語例釋》(2009)、蔣玲玲《敦煌寺院會計文書詞語考釋》(2010) 等均對敦煌經濟文獻中的詞彙作了單詞例釋。除敦煌經濟文獻之外，學界對明清小説中的經濟詞彙亦有關注。如董蕾《〈喻世明言〉經濟詞彙分析》(2006) 將《喻世明言》中 126 個經濟詞彙分爲從業人員、從業單位、物資和經濟行爲四類，在分類釋義的同時討論了其結構特徵。張静《〈歧路燈〉經濟詞彙研究》(2013) 對《歧路燈》中所見經濟類詞彙進行了分類釋義與結構和用法分析。周員宇《〈型世言〉經濟類詞彙研究》(2014) 對《型世言》中的經濟類詞彙進行了分類釋義與結構研究和共時、歷史比較研究。針對史書中所見經濟類詞彙的研究成果主要有李忠偉《〈宋史·食貨志〉工商名物詞研究》(2013)，其對《宋史·食貨志》中的工商名物詞進行了分類釋義與結構研究，并對工商名物詞所反映的宋代經濟生活進行了討論。

經濟詞彙的斷代研究主要是以某一時代經濟詞彙作爲研究對象，對其進行詞語考釋和綜合研究。其中關於古代漢語經濟詞彙的斷代研究主要有王洪勇《先秦兩漢商業詞彙——語義系統研究》(2006)，其對先秦兩漢商業詞彙的語義系統進行了分類，并對各類别中詞彙—語義系統的對應關係及特點進行了研究，同時探討了詞語中的商業文化信息。黃英《敦煌社會經濟文獻"借貸"概念場常用詞歷史演變研究》(2011) 對敦煌社會經濟文獻所反映的隋唐五代時期"借貸"概念場中的詞語進行了研究，細緻分析了敦煌經濟文獻中借貸類詞彙的結構特徵以及"借貸"概念場變化的原因。關於當代經濟詞彙的研究主要有袁園《1990—2002 年間的經濟類新詞透析》(2006)，其分析了 1990—2002 年中所產生的經濟類新詞，對它們的來源、構詞方式及變化因素進行了探索。臧迎欣《改革開放以來經濟類新詞語構詞方式研究》(2010) 對改革開放以來的經濟類新詞的構詞方式進行了分析，認爲其構詞方式主要有詞綴構詞、多音節構詞、"數字＋英文＋漢字"構詞、諧音比喻造詞四種方式。

目前學界對經濟類詞彙的研究多集中於工商業詞彙，對經濟詞彙中的其他門類如賦稅類詞彙的關注較少。賦稅類詞彙屬於經濟詞彙，同時自成體系，具有一定的研究價值，目前涉及賦稅類詞彙的研究成果主要集中在對長沙走馬樓三國吳簡中所見賬户、賦稅詞彙的研究。如李明龍《長沙走馬樓三國吳簡賬户詞語研究》（2006）對吳簡中所見賦稅類詞彙進行了系統研究，運用語義場理論，探討了賬户及賦稅詞的組合與聚合規律，具有一定的啓發性。陳榮杰《走馬樓吳簡佃田、賦稅詞語匯考》（2012）與何立民《湖南長沙走馬樓三國吳簡複音詞研究》（2012）則對吳簡中出現的賦稅類詞彙進行了考釋。此外，對其他專書中所出現的賦稅類詞彙未見前人研究之先例。

《宋會要輯稿·食貨》本身是一部歷史經濟文獻，賦稅詞又屬於經濟詞彙，故而以其中的賦稅類詞彙作爲研究對象具有一定的價值。本書擬在專書研究的基礎上，將研究範圍限定在賦稅類詞彙的專題研究中，以期作出較爲系統的分析和探討。

## 三、《宋會要輯稿·食貨》的研究意義與研究方法

《宋會要輯稿》輯錄宋代官修《會要》，堪稱宋代史學資料之淵藪。其中《宋會要輯稿·食貨》所錄關於賦稅的詞彙頗多，不僅體現了宋代賦稅制度的發展，同時也反映了宋代經濟詞語的一些風貌。以往學者對宋代史料尤其是食貨志方面的研究大多是從經濟史角度入手，較少從語言文字角度對經濟文獻進行探索，故而本書擬對《宋會要輯稿·食貨》中的賦稅類詞彙進行研究，希望能夠爲相關研究提供一些借鑒。

本書以《宋會要輯稿·食貨》爲一個封閉語料庫，對其中的賦稅詞語作系統的描寫，并運用詞彙學相關理論，對其中的部分詞彙進行分析和考釋。具體研究方法有：

第一，統計與分析相結合，對《宋會要輯稿·食貨》中的賦稅類詞彙進行數量統計，并對其作出相應的分析與描寫。

第二，共時研究與歷時研究相結合，對《宋會要輯稿·食貨》中的

賦稅名目詞作共時描寫，并著重對其中構成稅名的基本詞進行歷時研究，探索古代對賦稅名稱的命名方式及稅名基本詞的發展，力求描繪賦稅名稱的發展與演變概貌。

第三，詞彙視角與歷史研究相結合，對《宋會要輯稿·食貨》賦稅詞語中體現的宋代經濟制度的發展展開研究，探索詞彙的演變與政治經濟制度發展的密切關係。

# 第一章 《宋會要輯稿·食貨》賦稅詞語概貌

## 第一節 《宋會要輯稿·食貨》賦稅詞語的語義界定

關於"賦稅"一詞，《辭海》的定義是："中國歷代政府的強制征課。"① 《漢語大詞典》中的解釋是："（1）田賦和捐稅的合稱；（2）征收或繳納租稅。"② 《現代漢語詞典》中的定義是："田賦和各種捐稅的總稱。"③ 在財政學上，稅收是指國家爲了滿足實現職能的財力需要，憑借政治權力，按照法律預先規定的標準，強制、無償地取得財政收入的一種手段。④ 中國古代早期的財政稅收形式分爲"貢""賦""稅"，其中"貢"主要指某些集體向統治者的獻納，"賦"在早期是一種征調軍需的辦法，"稅"早期指農田征課，後逐漸與"賦"合流，成爲古代統治者對人民強制、無償征納的統稱。

賦稅詞語是指與賦稅直接相關的詞語，是特定知識領域的專門術語。《中國大百科全書》中"術語"一條有以下幾個特徵：（1）專業性——它是表達特定專業的特殊觀念的，通行範圍有限，使用的人很少；（2）單義性——在其特定的專業範圍內，意義是單一的；（3）科學性——語義範圍準確，它不僅標記一個概念，而且使用其精確、相似的概念相區別；（4）系統性——每個術語的地位，只有在其特定專業的整

---

① 夏征農，陳至立. 辭海［Z］. 上海：上海辭書出版社，2009.
② 羅竹風. 漢語大詞典［Z］. 北京：漢語大詞典出版社，1993.
③ 中國社會科學院語言研究所詞典編輯室. 現代漢語詞典［Z］. 北京：商務印書館，2005.
④ 李友元. 財政學（第二版）［M］. 北京：機械工業出版社，2009.

個概念系統中才能加以規定。① 與《中國大百科全書》關於術語特點的説明相比，《宋會要輯稿·食貨》賦税詞的確具有一定的專業性和系統性，然而其并不等同於現代意義上的一般術語。張聯榮在《古漢語詞義論》中將語義分爲術語義、語文義和文化義三類：術語義揭示一種科學概念，是人們對事物本質的、科學的認識；語文義表現的是人們對於事物的一般認知與評價，可能并不是那麽本質和全面；文化義顯示的是人們賦予一件事物的文化含義，包括政治思想、倫理觀念或者道德準則，并據此將詞分爲術語詞、語文詞和文化詞。② 《宋會要輯稿·食貨》中的賦税詞語兼有語文義和術語義，同時也含有習慣的文化因素，因而并不是嚴格意義上的術語詞。

## 第二節 《宋會要輯稿·食貨》賦税詞語的詞彙化特征

詞是語言中可獨立運用的音義結合的最小單位，然而詞和短語的劃分是一個比較複雜的問題。首先，從語義角度來看，有學者認爲詞所表達的意義不能直接由其構成成分的意義相加而得到，若一個組合的意義等於其成分意義的總和，那麽這個組合是一個短語而不是詞。③《宋會要輯稿·食貨》賦税詞中大部分詞符合這一特徵，然而也有一些詞的意義是其字面意義的總和，但其却是一個固定的意義整體，吕叔湘在《中國文法要略》中認爲詞彙"有没有專門意義只有參考價值，没有决定作用"④。故而語義的專門化并不能作爲區别詞和短語的唯一標準。其次，從語音角度來看，漢語中除了單字構成的詞彙外，還有很多複字構成的詞彙單位。馮勝利提出："一個複合詞首先是一個韻律詞……三音節是一個韻律單位，所以三音節詞在純韻律系統中也是一個獨立的音步。就是説，在純韻律系統中，三音節跟兩音節一樣，組成一個自然音步。"⑤

---

① 中國大百科全書總編輯委員會. 中國大百科全書［Z］. 北京：中國大百科全書出版社，2009.
② 張聯榮. 古漢語詞義論［M］. 北京：北京大學出版社，2007.
③ 朱彥. 複合詞語義的曲折性及其與短語的劃分［J］. 世界漢語教學，2005（1）.
④ 吕叔湘. 吕叔湘全集［M］. 沈陽：遼寧出版社，2002.
⑤ 馮勝利. 韻律構詞與韻律句法之間的交互作用［J］. 中國語文，2002（6）.

董秀芳認爲雙音節詞衍生的基本條件主要有以下幾條：（1）語音上必須要構成一個雙音節音步，（2）原有的兩個分立成分必須在綫性順序上貼近，（3）語義上有一定改造，（4）使用頻率高。[①] 我們認爲這些條件不僅適用於雙音節韻律詞，同樣適用於三音節韻律詞。然而韻律詞經過固化，結構相對穩定，語法功能和語義發生了一定的變化，最終詞彙化凝固成詞，這是一個過程。《宋會要輯稿·食貨》賦稅詞中有些較典型的成員已經徹底詞彙化，不再具有短語的特性，但仍有一些不太典型的成員既帶有短語的某些特性，又帶有詞的某些屬性，仍然處於變化之中。因此，賦稅詞內部成員之間有著詞彙化程度的差異，故而我們認爲賦稅詞語是一個原型範疇，從句法到詞法是一個漸變的過程，短語與複合詞這兩個範疇之間的邊界是模糊的。

## 第三節　《宋會要輯稿·食貨》賦稅詞語的分類

賦稅詞語是與賦稅直接相關的詞語所構成的集合，而這個集合并不是封閉的，往往與其他集合交叉。在具體的運用中，當該詞有且只有一個義項且此義項所概括的事物全部關涉賦稅時，這個詞就在集合內；當該詞有多個義項且所概括的事物部分關涉賦稅時，那麼這個詞既可以歸入賦稅詞語集合，又可以歸入其他詞語集合。參照這個標準，本書所研究的賦稅詞語指一切直接與賦稅的征納活動有關的詞語，并將《宋會要輯稿·食貨》（以下簡稱《輯稿·食貨》）中遴選出的賦稅詞語依照其語義類別分爲九類，分別是賦稅名目、定稅制度、稅收額限、征稅方式、征納機構、征管人員、納稅人員、稅收鈔據、緩征減免，其分布情況見表1-1：

---

[①] 董秀芳. 詞彙化：漢語雙音詞的衍生和發展 [M]. 成都：四川民族出版社，2002.

表 1-1 《宋會要輯稿·食貨》賦稅詞語的分類

| 意義類別 | | 舉例 | 小計 | 總計 |
|---|---|---|---|---|
| 賦稅名目 | 賦稅泛名 | 稅賦、租稅 | 46 | 264 |
| | 賦稅專名 農業稅目 | 夏稅、秋租 | 26 | |
| | 賦稅專名 工商稅目 | 過稅、鹽課 | 50 | |
| | 賦稅專名 人口稅目 | 丁錢、身丁錢 | 13 | |
| | 賦稅專名 勞役稅目 | 徭役、色役 | 7 | |
| | 賦稅專名 附加雜稅 | 加耗、力勝錢 | 121 | |
| | 賦稅專名 貢獻稅目 | 土貢 | 1 | |
| 定稅制度 | | 推割、推排 | 5 | 5 |
| 稅收額限 | | 祖額、稅限 | 10 | 10 |
| 征納方式 | | 支移、折變 | 73 | 73 |
| 征納機構 | | 三司、戶部 | 38 | 38 |
| 征管人員 | | 欄頭、里正 | 17 | 17 |
| 納稅人員 | | 稅戶、園戶 | 39 | 39 |
| 稅收鈔據 | | 戶鈔、鹽引 | 34 | 34 |
| 緩征減免 | | 除放、倚閣 | 22 | 22 |
| 總計 | | | 502 | |

《輯稿·食貨》中賦稅詞語的具體分類如下：

## 一、賦稅名稱

### （一）賦稅泛名

稅（泛指賦稅）、租（田租或泛指賦稅）、賦（泛指賦稅）、課（泛指賦稅）、稅賦（泛指田賦和各種稅收）、賦稅（泛指田賦和各種稅收）、租稅（泛指田賦和其他稅收）、稅租（泛指田賦和其他稅收）、租賦（泛指田賦和其他稅收）、賦租（泛指田賦和其他稅收）、租課（泛指賦稅）、課租（泛指賦稅）、稅課（泛指稅收）、課稅（泛指稅收）、稅錢（稅收征納的錢）、錢稅（稅收征納的錢）、租錢（租稅征納的錢）、錢租（租稅征納的錢）、財賦（財貨和賦稅）、常賦（固定的賦稅）、貢賦（貢獻和賦稅)、歲賦(每年征納的賦稅)、官賦(國家征收的賦稅)、民賦(民戶所納的賦稅)、徭賦(徭役與賦稅)、賦入(賦稅收入)、賦斂(即稅收)、賦役(賦稅與徭役)、正稅(正額的賦稅)、官稅(國家征收的賦稅)、稅役(賦稅和徭役)、租役(租稅和徭役)、官租(國家征收的租稅)、民租(民戶繳納的租稅)、官課(官府征收的賦稅)、年課(一年的賦稅)、歲課(一年的賦稅)、課入(稅收)、課利(定額的賦稅)、正課(正稅)、正錢(正稅所納的錢)、課役(賦稅和勞役)、稅調(賦稅)、租調(即賦稅)、賦調(即賦稅)、稅筭(應征稅的數額)。

(二) 賦稅專名

1. 農業稅目

田賦(以農田為對象的賦稅)、田租(即農田租稅)、田稅(即田賦)、兩稅(夏稅和秋稅的合稱)、稅糧(田租上交的米糧)、夏稅絹(夏稅上繳的絹)、夏稅(宋制夏稅五月半起征,七月底八月初納畢的田賦)、秋稅(宋制秋稅九月起征,十二月半納畢的田賦)、夏秋稅(夏稅與秋稅的合稱)、秋賦(秋稅)、秋苗(秋稅繳納的苗米)、夏料(夏稅)、秋料(秋稅)、苗稅(即田租)、苗米(田賦上繳的米)、苗課(即田租)、苗租(即田租)、租斛(田租上繳的糧食)、租子(田租上繳的糧食)、租米(田租上繳的米)、課米(田租上繳的米)、課子(田租上繳的米)、夏租(夏稅)、秋租(秋稅)、租麥(田租上繳的麥子)、稅米(田賦上繳的米)。

2. 工商稅目

商稅(對商人販賣物品及商業行為所征收的稅)、過稅(對行商販運貨物時征收的商稅)、住稅(對坐商按進貨數量所征收的商稅)、茶稅(對茶征收的稅)、茶課(茶稅)、茶租錢(茶租所納的錢)、茶錢(茶稅所納的錢)、酒稅(對酒所征收的稅)、酒課(酒稅)、酒錢(酒稅)、鹽稅(以食鹽為對象征收的課稅)、鹽課(鹽稅)、鹽錢(鹽稅)、香礬錢(對香礬征收的稅)、礬課(對礬所征收的稅)、魚稅(對魚戶所征的稅)、銅稅(對銅征收的稅)、屋稅(對房屋征收的稅)、茶租(官府向園戶征收的稅)、銅課(銅稅)、醋課(對醋征收的稅)、地基錢(居民自用房地基所交的稅)、白地錢(居民自用房地基所交的稅)、白地租錢

（即白地錢）、地鋪錢（在廣南西路邕州和廣南東路瓊州地區，商業用地所交的地稅稱爲地鋪錢）、賃地錢（城市商業用地所繳納的稅）、竹木稅（對竹、木販運所征的通過稅）、竹木稅錢（即竹木稅）、門稅（對進出城門的人和貨物征收的稅）、坊場河渡錢（宋代民户向官府交納一定的錢物獲得某一坊場或河渡一定時間內的管理權稱爲買撲，買撲者繳納的課額就是坊場河渡錢）、津渡錢（買撲津渡者上繳的錢額）、船渡錢（買撲船渡者上繳的錢額）、坊場錢（買撲坊場者上繳的錢額）、坊場净利錢（坊場承包經營者上繳的課稅）、净利錢（即坊場净利錢）、墟稅（對墟市的征課）、牛稅（耕牛交易過程中所征收的稅）、買賣牛稅（即牛稅）、賣牛稅（即牛稅）、牛稅錢（即牛稅）、落地稅錢（商人購得貨物到店發買時所征的稅）、契稅（交易稅）、印契錢（買賣房産、田地、牲畜的契紙和稅租鈔所征收的稅）、印契稅錢（即印契錢）、牙契稅（買賣房産、田地、牲畜時向買方所征收的契約稅）、牙稅（即牙契稅）、牙契錢（即牙契稅）、牙錢（牙契稅）、牙契稅錢（牙契稅）、印稅（民户買賣房産、田地、牲畜、車船時憑契約向官府加蓋官印時所納的稅）。

3. 人口稅目

丁稅（人頭稅，按丁口數輸納的錢）、丁錢（人頭稅，按丁口數輸納的錢）、丁稅錢（即丁錢）、身丁錢（人口稅）、丁身錢（即身丁錢）、丁鹽錢（丁稅名目，官給丁口鹽而丁口向官府輸錢，後變爲征課）、丁身鹽錢（即丁鹽錢）、丁鹽絹（將人户身丁鹽錢折絹輸納）、丁身鹽絹（即丁鹽絹）、丁絹（以綢絹折納丁賦）、掛丁錢（廣南東、西路地區曾祖父母在世的未成年男性所征的丁稅）、丁綿（以綿折納丁賦）、童行錢（對出家入寺觀而尚未取得僧籍度牒的十六歲以下少年所征的丁稅）。

4. 勞役稅目

徭役（古代官方規定的平民成年男子在一定時期内或特殊情况下所承擔的一定數量的無償社會勞動）、雜役（民户於正役之外所服的繁多徭役）、正役（民户當服的正額徭役）、差役（民户輪流供官府驅使的徭役）、色役（由官府派遣人户去各級品官和官衙擔任僕役的一種差役）、丁役（成年男子的勞役）、差徭（即徭役）。

5. 附加雜稅

雜稅（除正額稅收之外的苛雜稅收）、雜錢（雜稅）、雜納錢（附加雜稅）、折帛錢（將原先夏稅絹、和買絹折錢交納）、折麥錢（將夏稅應納之麥折納成錢輸納）、折布錢（將夏稅應納之布折錢輸納）、折斛錢（路遠地區把本該上供的糧食改折爲錢幣輸納）、折帛綿（折帛數內分出餘錢折而爲綿）、折帛銀（將原先夏稅絹、和買絹折銀交納）、加耗（以稅物在運輸保管時的損耗爲借口設置的附加稅）、正耗（加耗名目）、官耗（加耗名目）、倉耗（加耗名目）、省耗（加耗名目）、脚耗（加耗名目）、耗剩（加耗名目）、三七耗（本是爲免除支移而繳納的附加稅，在正稅米之中每斗再繳納耗米三升七合，後演變成與正稅一同繳納的附加稅）、耗米（加耗所收之米）、脚錢（爲免除支移而繳納的附加稅，後逐漸演變爲與支移無關的附加稅）、脚費（脚錢的別稱）、地里脚錢（脚錢的別稱）、水脚（即水脚錢）、水脚錢（脚錢名目，以水運費爲借口增設的附加稅）、船脚錢（脚錢名目）、米脚錢（脚錢名目）、米估脚錢（脚錢名目）、義倉（以創辦義倉爲借口征收的附加稅）、義倉米（上繳義倉的米）、靡費錢（以靡費爲借口而額外强征的附加稅）、蠶鹽錢（政府在農村按户配鹽的制度。二月育蠶時按户配鹽，六月新絲上市，繳納夏稅時收錢）、上供錢（地方所征賦稅中上繳中央的部分）、貼撥錢（兩稅之外加征的雜稅）、大禮銀錢（兩稅之外加征的雜稅）、天申節銀錢（南宋時以高宗生辰爲名加征的地方性雜稅）、土貢銀錢（兩稅之外以土貢爲名加征的地方性雜稅）、人使歲幣錢（兩稅之外加征的雜稅）、免役錢（宋代推行免役法時，由當役人户按等第交給官府雇人代服徭役的費用）、免夫錢（宋代百姓向政府繳納的免役錢）、助役錢（宋神宗熙寧三年初行免役法，凡當役人户，分五等出錢，募人充役，使原來享受免役特權的豪紳、官吏、僧道等出錢助役，稱助役錢）、役錢（代替勞役的稅錢）、免丁錢（即免夫錢）、僧道免丁錢（對出家人征納的免役錢）、免役剩錢（即免役寬剩錢）、寬剩錢（宋代行免役法時於所收免役錢、助役錢外增收的錢，又稱免役寬剩錢）、免役寬剩錢（即寬剩錢）、頭脚錢（在倉場納稅中巧立名色而設置的附加稅）、本色（原定征收的實物田賦稱本色）、折色（所征田糧折價征銀鈔布帛或其他物産）、羨餘（地方財政的節餘部分，在額定上供外上繳給中央的財物）、苗頭（田賦的附加雜稅）、折八（田賦的附加雜稅）、大姓（田賦的附加雜稅）、隱寔（田賦的附加雜稅）、進際（以進際爲名虛增的課稅）、沿納（田賦以外的苛捐雜稅，又稱雜變）、無額上供錢（無定額的上供錢）、有額上供錢（有定額的上供錢）、月樁錢（南宋爲支應軍餉而加征的稅款名目）、賣糟錢（人户向官府購買糟酵時所交的價錢）、糟錢（即賣糟錢）、枯牛骨稅錢（對枯牛骨所征的雜稅）、板橋木筭錢（地方雜稅）、布估錢（把夏稅中的布按官府規定的數折成錢引來輸稅）、激賞絹（以激賞軍隊爲名設置的稅目）、寫稅（寫意爲遠，寫稅即一種由於人户遷居而重複征納的稅）、買酒錢（四川地區在鹽稅之外征收的雜稅）、到岸錢（四川地區在鹽稅之外征收的雜稅）、塌地錢（四川地區在鹽稅之外征收的雜稅）、頭底錢（商人在翻换交引時繳納的手續費）、理估錢（由支移演變而來的稅目，是將支移苗米和加耗等錢合并爲一項的附加稅）、經總制錢（經制錢、總制錢的合稱）、經制錢（北宋宣和年間陳遘以發運使兼經制使督理東南地區財賦，加征賣酒、典賣田宅的牙稅，常賦外的頭子錢，以及其他項目的稅金，稱經制錢）、總制錢（陳遘之後，翁彦國爲總制使，效經制錢之法別立名目征稅，稱總制錢）、經總錢（即經總制錢）、版帳錢（東南各路港口供軍隊征收的雜稅）、免行錢（宋代除向工商行户收取商稅外，官府需要的物料人工，都向各行勒派，行户不勝其苦。熙寧六年改爲用錢折算，稱爲免行錢）、花稅（即虛喝花稅，對商船實際上没有運載的貨物虛撰名目而征收的稅錢）、鈔旁錢（即鈔旁定貼錢）、鈔旁定帖錢（向官府購買稅鈔時征納的雜稅，後改稱合同印記錢）、合同印記錢（即鈔旁定貼錢）、勘合錢（全稱爲勘合朱墨錢，向官府購買稅鈔時所繳納的以紙筆墨工之費爲名的雜稅）、朱墨錢（即勘合朱墨錢）、勘合朱墨錢（即勘合錢）、亭館錢（地方性雜稅）、袋本錢（鹽商向支鹽機構繳納的食鹽包裝費用）、袋息錢（即鹽袋息錢，鹽商向支鹽機構繳納的食鹽包裝費用）、鹽袋錢（鹽商向支鹽機構繳納的食鹽包裝費用）、頭子（即頭子錢）、頭子錢（征收錢物的附加稅）、市利（即市利錢）、市利錢（本爲商稅的附加稅，每百文額外增收十文，南宋時變爲以津貼胥吏爲借口而加贈的附加稅）、市例錢（同市利錢）、桑稅（對个人擁有的桑産所征的稅）、力勝（即力勝錢）、力勝錢（沿河稅務對商船按照其承載能力而征收的稅錢）、翻引錢（改變原申報或規定的路綫、地點异地納稅時另收的附加稅）、脚稅（茶課附加稅）、通貨牙息錢（茶課附加稅）、罪賞錢（地方性雜稅）、約束錢（地方性雜稅）、罰錯錢（地方性雜稅）、賣紙錢（地方性雜稅）、詞狀到事錢（地方性雜稅）、諸色助軍錢（地方性雜稅）、贍軍錢（以贍軍爲名義征納的稅）、土戶錢（地方性雜稅）、折絕錢（地方性雜稅）、麴引錢（民戶向官府購買麴引繳納的稅，是一種變相征課）、土產錢（四川地區對鹽征納的雜附加稅）、買酒錢（額外增收的地方雜稅）、到岸錢（額外增收的地方雜稅）、塌地錢（額外增收的地方雜稅）、用印錢（在房屋田產交易過程中以契約蓋印爲名而設置的雜稅）、得產人錢（即得產人勘合錢，在房屋田產交易過程中向房屋買方征納的雜稅）、羊毛稅錢（對羊毛征納的稅）、絲綿稅錢（對絲綿征納的稅）、官溪錢（鹽課的附加雜稅）、鞋錢（五代雜稅名，照畝數納軍鞋若干雙，再依定價折錢，以供軍需）、醋息錢（賣醋所得利潤上交官府的部分）、添酒錢（政府通過提高酒價從而增收的酒課）、麴錢（酒課附加稅）。

6. 貢獻稅目

土貢（地方每年向中央貢獻的方物特產）。

## 二、定稅制度

推割（宋代考查民戶物力確定賦役之法，規定民戶典賣產業，稅賦與物力一過戶，名推割）、推排（考察民戶物力確定賦役的方法，定三年一查定，名推排）、手實（令民戶自報田畝數，據此以征納賦稅）、方田（王安石所行新法之一，以東西南北各千步爲一方，根據土質肥瘠分等定稅）、經界（南宋清查與核實土地占有狀況以定賦稅的措施）。

## 三、稅收額限

省額（征稅的定額）、定額（征稅的定額）、祖額（宋制，茶鹽酒稅各地都有定額，叫作祖額，有時又寫作租額）、租額（租稅的數額）、元額（原先納稅的稅額）、年額（一年的稅額）、稅額（征稅的額度）、課額（課稅的限額）、稅限（征稅的限期）、課程（納稅的限期）。

## 四、征納方式

輸（民戶輸送賦稅）、納（民賦繳納賦稅）、征（政府征收賦稅）、課（征收賦稅）、輸納（民戶輸送繳納賦稅）、輸課（納稅）、帶納（連帶輸納）、代納（替人納稅）、代輸（替人納稅）、科敷（政府攤派賦稅）、科率（官府於民間定額征購物資）、科役（科派徭役）、科買（強制征購）、科賣（強制專賣）、科取（強制征收）、科差（官府向民戶征收財物或派勞役）、差科（即科差）、科納（繳納賦稅）、科輸（繳納賦稅）、抑配（強行攤派賦稅和勞役）、科抑（強制攤派賦稅）、科斂（征收賦稅）、科配（官府攤派正項賦稅外的臨時加稅）、催科（催促人戶納稅）、均敷（平均分攤賦稅）、支移（宋制送納賦稅有固定處所，而以有餘補不足，則移此輸彼，移近輸遠，謂之支移）、折變（以本應征納之物以等價改征他物）、折帛（南宋初將上供、和買、夏稅綢絹改爲折價輸錢，稱爲折帛）、折科（以本應納稅的錢額按一定價格折征他物）、科折（即折科）、折納（以本應征納之物以一定價格折錢輸納）、折估（即折納）、紐折（折算，折納）、紐計（折算，折納）、紐課（紐折征納）、紐算（紐折計算）、紐納（紐折征納）、和買（宋代，政府於春季貸款給農民，至夏秋時令農民以絹償還，謂之和買。北宋末至南宋初，和買成爲重賦，諸路先後按比例或全部折納現錢，折價屢增）、預買（政府於春季貸款給農民，至夏秋時令農民以綢絹償還，謂之預買）、和預買（和買與預買）、預借（官府向民間預先借支各種賦稅）、買撲（宋代民戶向政府交納一定的錢物獲得某一坊場、河渡或稅場一定時間內的管理權稱爲買撲，這是宋代的一種承包經營和包稅制度）、白著（和買之後不付給民戶相應的價錢）、和糴（古時官府以議價交易爲名向民間強制征購糧食）、博糴（即和糴）、對糴（向民戶征購與其應繳賦稅等額的糧食）、上供（所征賦稅中向朝廷解交一部分）、入中（商人將糧草或現錢等物入納沿邊州軍或京師，後异地支償茶、鹽、香藥和錢等）、貼射（宋代所實行的一種有關茶葉買賣的稅收制度，商人直接向園戶買茶，茶官居中估價，以估定價與園戶的實際售出價之間的差額入官）、貼納（補貼繳納賦稅）、箏請（繳納鹽稅申請販鹽）、箏射（客商納稅申請販賣茶、鹽等）、攬納（包攬代納賦稅）、抽解（對沿海港口進出口貿易征收實物稅）、抽分（即抽解）、抽稅（征收稅金）、抽貫（在常賦外，規定每貫錢中抽取若干文）、抽射（對船運貨物的抽稅）、抽納（抽稅）、抽筭（抽稅）、回稅（以人户所納稅物不合格之名加派稅收）、分額（稅場增加征稅次數的手段）、格納（海南按商船大小抽稅）、攔稅（於途中設卡征稅）、欄稅（即攔稅）、禁榷（政府對特殊物資的專賣與征納制度）、榷酒（政府對酒的專賣、征稅與管制）、榷酤（即榷酒）、榷鹽（政府對鹽的專賣征稅制度，把鹽稅并入鹽價來征收）、榷茶（官府對茶葉實行專賣、征稅、管制的措施）、榷礬（政府對礬的專賣征稅制度）、虛喝（對商船實際上沒有運載的貨物虛撰名目，勒索稅錢）、花數（即虛喝花稅）。

## 五、征納機構

三司（宋以鹽鐵、度支、户部爲三司，主理財賦，元豐改制後撤銷三司，原三司職能大多由户部接管）、户部（三司之一，掌管全國土地、户籍、賦稅、財政收支等事務）、鹽鐵（三司之一，掌管鹽酒和商稅稅收）、度支（三司之一，負責管理政府財政支出）、太府寺（負責掌管國家財政貨物的政令及庫存出納、商稅征收和貿易事務）、總領所（即總領某地軍馬錢糧所，南宋時期設置，管理監督并管理各路轉運使，加強賦稅的征收工作）、轉運使司（路一級的稅務管理機構）、轉運司（即轉運使司）、漕司（即漕運司，管理催征稅賦、出納錢糧、辦理上供以及漕運等事的官署或官員）、提點刑獄司（宋太宗時期設立，目的本是代替轉運司負責地方司法事務，後逐漸被賦予賦稅征收方面的職能）、提刑司（即提點刑獄司）、提舉常平司（轉運司下具體負責稅收管理的機構）、常平司（即提舉常平司）、市舶司（宋代分設提舉市舶司於廣州、杭州、明州等地，管理商舶，征收關稅，收買進口物資等）、都商稅務（掌管京城商稅）、都商稅院（即都商稅務）、交引庫（掌管給印出納交引錢鈔事務）、左藏庫（負責征收全國財賦收入以維持國家經費，舊分南北庫，政和六年修建新庫，以東西庫爲名）、封樁庫（掌管封樁錢物，凡歲終用度之餘，皆封存不用，以備急需，是爲封樁）、茶庫（掌管全國所納之茶)、皮角場庫(掌受天下骨、革、筋、角、脂、硝,給造軍器鞍、轡、氈、毯)、元豐庫(掌管諸録積剩錢及常平錢物)、雜物庫(掌管内外雜輸之物以備支用)、軍資庫(掌管和儲藏軍用物資)、布庫(掌受諸道輸納之布)、常平倉(爲調節米價而設置的倉廩,神宗時期又將常平倉物充作青苗本錢借貸給民户)、坊場(官設專賣的市場)、竹木務(掌受陝西水運竹木、南方竹索,及抽筭黄、汴、惠民河商販竹木)、折博務(掌管入中見錢、糧草,算買鹽鈔)、榷貨務(掌管折帛斛斗、金帛)、税務(税收管理機構)、場務(宋時鹽鐵等專賣管理機構,生産和專賣鹽鐵的機構爲場,税收機構爲務)、税場(是宋代商税中住税征收的基本單位之一,在州縣鎮稱税場)、税鋪(買撲的商税税場稱爲税鋪)、炭場(掌管年額征收的炭,供内外之用)、税炭場(對炭征税的税場)、抽税炭場(即税炭場)、抽税箔場(掌管抽筭汴河、惠民河商販蘆蓆、蒲藺蓆等,供内外之用)。

## 六、征管人員

知州(宋代地方行政組織爲路—州—縣,知州是州一級行政區劃的最高長官,管理本州軍政、民政、財政、司法、教育、檢查等各項事務)、知府(州一級行政區劃包括府、州、軍、監,皇帝出生、生活、巡遊過的地方稱爲府,知府是府一級的最高長官,級別與職能相同)、知軍(軍是行政級别中的特殊形式,設置在軍事地理位置重要的地方,知軍爲軍一級的最高長官,主管一軍事務)、軍使(即知軍)、通判(即權通判某州軍州事,一州之財賦由通判具體掌管)、知縣(縣一級的最高長官,又稱縣令,掌管一縣軍政、民政、財政、司法、教育、檢查等各項事務)、監當官(由中央派往地方掌管和監督地區茶、鹽、酒税場務征輸及冶鑄之事,州、縣都有設置)、監税官(即監當官)、欄頭(監税官下屬負責具體征税的役吏)、專欄(即欄頭)、里正(負責催督賦税的鄉官)、户長(宋仁宗至和二年,由於里正任務過重,遂廢除里正,改差户長負責催督賦税)、催税甲頭(宋神宗熙寧五年,廢除户長,後實行保甲法,主户每十户至三十户輪流差保丁一名充當催税甲頭,主管催税)、催頭(甲頭的别稱,即催税甲頭)、催税户長(南宋設催税户長負責催督賦稅)、稅長（即催稅戶長）、鄉司（輔佐里正、戶長催督征稅）。

## 七、納稅人員

人戶（民戶）、民戶（平民百姓）、平民（普通百姓）、小民（平民）、細民（平民）、貧民（貧苦農民）、稅戶（納稅人戶）、主戶（有田地、家產，并承擔國家賦稅的有產戶）、上戶（宋代實行五等戶制，將主戶分爲五等，第一等戶和第二等戶稱爲上戶或上等戶，包括官戶、形勢戶及大地主）、上等戶（即上戶）、中戶（三等戶即中戶，包括中小地主及富裕農民）、中等戶（即中戶）、下戶（第四第五等戶稱爲下戶，包括自耕農和少量佃種土地的半自耕農）、下等戶（即下戶）、官戶（官員的家屬及後裔）、形勢戶（宋代對在仕籍的文武官員和州縣豪强人戶的統稱）、大姓戶（世家大戶）、小姓戶（指門第低微的人戶）、客戶（自己無地而租種土地的人戶）、佃戶（佃種土地的人戶）、佃客（即佃戶）、坊郭戶（城市非農業人口，包括商賈、手工業者等其他城市居民）、竈戶（以煮鹽爲業的人戶）、酒戶（從事釀酒的民戶）、園戶（從事種植製作茶葉的民戶）、亭戶［向政府領取本金產製正鹽（額鹽）歸公的鹽戶］、畦戶（墾畦製鹽的民戶）、鋪戶（商戶）、商人（經商之人）、商賈（即商人）、商旅（即商人）、客人（商販）、商販（即商人）、賈人（即商人）、櫃戶（商戶）、牙人（買賣的中介人）、牙儈（即牙人）、攬戶（包攬代納賦稅的人）、攬子（即攬戶）。

## 八、稅收鈔據

稅租鈔（人戶納稅的憑據）、鈔旁（即稅租鈔，人戶納稅的憑據）、縣鈔（由受納稅物倉庫送往縣內注銷簿籍的鈔據）、戶鈔（賦稅征收過程中給納稅完畢的民戶開具的完稅收據）、監鈔（由監司監督納稅官收掌以備稽查的稅收憑據）、監生鈔（即監鈔）、住鈔（送達受納稅務的倉庫保管以登記出納情況的收據）、倉庫鈔（即住鈔）、官鈔（官府發放的稅收憑據）、虛鈔（州縣受納秋稅苗米，應納一石而率取二石以上，受納官吏令人户折錢輸納，出給朱鈔，謂之虛鈔）、白鈔（未鈐蓋官印的稅鈔）、朱鈔（鈐蓋官印以示完納的稅鈔）、赤鈔（即朱鈔）、稅由（納稅通知單）、由子（即稅由）、稅契（田產房屋等買賣中訂立的持向官府納稅的契約）、白契（未持向官府納稅的契約）、鈔引（宋代茶、鹽、礬等物的生產運銷由政府管制，政府發給特許商人支領和運銷這類產品的證券）、鹽引（在商人繳納鹽價和稅款後，發給商人用以支領和運銷食鹽的憑證）、鹽鈔（即鹽引）、末鹽鈔（運銷細鹽的鈔引）、解鹽鈔（運銷山西解池鹽的鈔引）、茶引（茶商納稅後由官府發給的運銷執照）、末茶引（茶引的一種，用以運銷製成細末的磚茶）、香藥鈔（運銷香料的鈔引）、小引（官府發放給客商用以運銷鹽、茶等物資的小額鈔引）、小鈔（即小引）、小鈔引（即小引）、礬鈔（運銷礬的憑證）、礬鈔引（即礬鈔）、文鈔（即鈔引）、客鈔（發給客商的鈔引）、長引（官府發給商人長途運銷茶、鹽的鈔引）、短引（官府發給商人在本地零售茶、鹽的鈔引）。

## 九、緩征減免

免（免除）、蠲（減免）、放（免去）、除（免除）、倚閣（暫停擱置）、展限（延長稅限）、住催（停止催稅）、檢放（檢視放免征稅）、除放（免除）、蠲除（免除）、蠲放（免除）、蠲閣（免征賦稅）、除豁（免除）、展閣（展限免除）、放稅（免稅）、放免（免除）、免放（免除）、免稅（免與繳稅）、蠲免（免除）、展免（展限及免除賦稅）、開閣（對因逃荒而無人耕種的田土免除賦稅以減少逃荒）、給復（免除賦稅）。

## 本章小結

根據統計，《輯稿·食貨》中的賦稅詞語共 502 個，其中屬於賦稅名稱的詞語最多，為 264 個，其次是征納方式類詞語，共 73 個，最少的是定稅制度類詞語，僅有 5 個。

《輯稿·食貨》中的賦稅名稱詞是表示賦稅的通名以及賦稅的專項

名稱，共264個。賦稅名稱詞又可分爲賦稅泛名和賦稅專名兩類，賦稅專名包括農業稅目、工商稅目、人口稅目、勞役稅目、附加雜稅、貢獻稅目六類，其中附加雜稅最多，爲121個，從側面體現了宋代苛捐雜稅的數目之多，剝削之重；工商稅目次之，爲50個，反映了宋代工商稅制的發展。《輯稿·食貨》中的賦稅名稱詞大體上反映了宋代的稅收概貌，通過對賦稅名稱詞的共時與歷時研究，我們可以對中國古代賦稅制度的發展有一定了解。

《輯稿·食貨》中的定稅制度詞是關於宋代釐定賦稅方法的詞，一共有"推割""推排""手實""方田""經界"5個。田賦是宋代賦稅收入中最重要的部分，田地與資產是國家征收賦稅的主要對象和依據，定稅制度詞都與計定田畝有關，按照田畝定稅是宋代田賦征納流程的第一環節。

《輯稿·食貨》中的稅收額限詞是關於宋代征稅的定額和期限的詞，共10個。宋代賦稅大都有定額和一定的征納期限，按額按限納稅是宋代稅收制度中的重要內容。

《輯稿·食貨》中的征納方式詞是關於宋代賦稅的征納制度和手段的詞，共73個，其中包括賦稅的轉移運輸如"支移"，這種方式後來逐漸演變成了加征苛捐雜稅的借口；還有關於征納物資的折價繳納，如"折變""折科"，這在一定程度上反映了貨幣對賦稅征納制度的影響。此外，政府專賣制度如"榷酒""榷鹽""榷茶"等，實際上也具有一定的強制征課的屬性。征納方式詞反映了宋代賦稅的征納制度，爲我們清晰地了解宋代的稅收制度提供了相關材料。

《輯稿·食貨》中的征納機構詞共38個，主要包括中央至州縣各級稅收管理機構、稅收倉庫以及地方納稅場所，值得注意的是，宋代商稅中住稅在地方的征收基本單位是稅場，而稅場可以"買撲"的形式令個人承攬征納，個人承包的商稅稅場稱爲"稅鋪"，這是宋代稅收制度的特殊形式。

《輯稿·食貨》中的征管人員詞共17個，主要包括各級稅收機構的政府官員以及地方差役，其中地方催稅人員中"里正""甲頭""戶長"的產生與變化反映了宋代基層行政制度的演變。

《輯稿·食貨》中的納稅人員詞共39個，即包括農業人口，也包括非農業人口。其中反映農業人口的詞"上户""中户""下户"等是宋代五等户籍制度的產物，此外"園户""亭户""坊郭户"等關於手工業者及城市居民的詞也反映了宋代工商手工業與城市的發展。同時，宋代的交易中介行爲向賦稅制度延伸而出現了"攬户"一詞，指在民户和政府之間包攬稅收替人代納的群體，相當於納稅過程中的"牙人"，是宋代經濟的新發展。

《輯稿·食貨》中的稅收鈔據詞共34個，包括田賦征納的稅收單據如"户鈔""縣鈔""監鈔""住鈔"，體現了宋代兩稅征納流程的規範性和制度化。同時，稅收憑據也包括政府專賣物資中的鈔引，如"鹽引""茶引""礬鈔"等，這些鈔引不僅是商人的完稅憑證，也是運銷貨物的許可證，是宋代政府專賣制度和財稅制度的重要内容。

《輯稿·食貨》中的緩征减免詞共22個，包括反映賦稅减免制度的詞如"除放""蠲放""給復"等，還包括反映賦稅緩征制度的詞如"展限""住催""倚閣"等，體現了宋代針對人户由於種種原因無法按時按量完成賦稅征納的情況有著一套較前代更爲完備的賦稅减免和緩征制度。

總而言之，《輯稿·食貨》中的賦稅詞基本反映了宋代賦稅征收機制的概貌，爲我們了解和研究宋代的稅收機制以及歷代賦稅制度的發展提供了較爲詳備的資料。

# 第二章 《宋會要輯稿·食貨》賦税名稱詞研究

## 第一節 税名基本詞的共時研究

《輯稿·食貨》中賦税名稱詞最多,共 264 個,根據它們的組成情況和語義特徵,我們將其分爲賦税泛名和賦税專名。賦税泛名表示賦税概念的泛指,并不指稱專一門類的賦税,賦税專名詞則指稱特定門類的賦税。通過進一步分析,筆者發現賦税名目詞基本上是由一些固定成分如"賦""税""租""課""錢""役""耗""貢"和其他表示具體徵税項目或内容的成分構成。下文將構成税名的固定成分稱爲税名基本詞,并進一步對它們進行分析和討論。

### 一、賦税泛名中的税名基本詞分析

本書第一章已列出《輯稿·食貨》中的賦税泛名共 46 個,除去單音詞"税""租""賦""課"外共 42 個。通過考察我們發現,賦税泛名詞基本上分爲兩類:一類是由税名基本詞"賦""税""租""課""錢"五個詞相互聯合構成的具有同素異序關係的税名,另一類是由"賦""税""租""課""錢""役""耗""貢"這八個詞與其他成分構成的不具有同素異序詞關係的税名。

由"賦""税""租""課""錢"互相組合構成的税名有:賦税—税賦、賦租—租賦、税課—課税、租税—税租、租錢—錢租、租課—課租、税錢—錢税。這些詞在《輯稿·食貨》中共出現了 1717 次,根據它們分别出現的次數統計了各自所占的比例,結果見表 2—1:

## 表 2-1

| | 租税 | 税租 | 税賦 | 賦税 | 税錢 | 錢税 | 租課 | 課租 | 租賦 | 賦租 | 租錢 | 錢租 | 税課 | 課税 |
|---|---|---|---|---|---|---|---|---|---|---|---|---|---|---|
| 單詞次數（次） | 222 | 263 | 346 | 74 | 343 | 2 | 332 | 5 | 60 | 5 | 32 | 1 | 31 | 1 |
| 單詞比例（％） | 12.92 | 15.31 | 20.15 | 4.30 | 19.97 | 0.11 | 19.33 | 0.29 | 3.49 | 0.29 | 1.86 | 0.05 | 1.80 | 0.05 |
| 組合次數（次） | 485 | | 420 | | 345 | | 337 | | 65 | | 33 | | 32 | |
| 組合比例（％） | 28.23 | | 24.45 | | 20.07 | | 19.62 | | 3.78 | | 1.91 | | 1.85 | |
| 總次數 | 1717 | | | | | | | | | | | | | |

首先，從組合情況來看，"税"和"租"除了可以相互組合外，還可以分別和"賦""錢""課"組合，泛指賦税，而"賦""錢""課"并不相互組合。其次，從組合比例看，出現率由高到低爲：租税—税租（28.23％）、税賦—賦税（24.45％）、税錢—錢税（20.07％）、租課—課租（19.62％）、租賦—賦租（3.78％）、租錢—錢租（1.91％）、税課—課税（1.85％）；從單詞比例看，出現率由高到低爲：税賦（20.15％）、税錢（19.97％）、租課（19.33％）、税租（15.31％）、租税（12.92％）、賦税（4.30％）、租賦（3.49％）、租錢（1.86％）、税課（1.80％）、課租（0.29％）、賦租（0.29％）、錢税（0.11％）、課税（0.05％）、錢租（0.05％）。通過對比可以發現，在泛指賦税意義時，由"租—税"構成的詞無論哪種語序使用率都較高；由"賦—税"構成的詞，"税賦"使用率比"賦税"高；由"税—錢"構成的詞，"税錢"的使用率明顯高於"錢税"；由"租—課"構成的詞，"租課"的使用率明顯高於"課租"；由"租—賦""租—錢""税—課"構成的詞，總體使用率不高。

此外，賦税泛名中還有部分詞不存在同素异序關係，在這一部分詞中，由"賦"構成的税名詞最多，有"財賦""常賦""貢賦""歲賦""官賦""民賦""徭賦""賦入""賦斂""賦役""賦調"11個；"課"次之，有"官課""年課""歲課""課入""課利""正課""課役"7個；"税"可構成"正税""官税""税役""税算""税調"5個；"租"

可構成"租役""官租""民租""租調"4個；"錢"可構成的詞最少，僅有"正錢"1個。

## 二、賦稅專名中的稅名基本詞分析

《輯稿·食貨》賦稅專名共222個，通過第一章的統計我們可以發現，賦稅專名中除少部分直接以賦稅的征納內容指代稅名外，其餘仍多由稅名基本詞"賦""稅""租""課""錢"構成，同時，"耗"和"役"也在其中表現出一定的構詞能力，而"貢"則表示貢獻稅目這一專項稅名，因此也將它們納入稅名基本詞討論。賦稅專名詞以偏正式結構為主，其中"賦""稅""租""課""役""錢""耗""貢"主要表明該項賦稅的繳納性質，是稅名的屬概念；構成稅名的其他部分是稅名的區別成分，表示稅名的種概念，如"田賦"一詞中的"賦"表明該詞的意義屬於"國家的強制征課"，"田"則表明它的課稅對象是農田，"田賦"即國家以農田為對象的強制征課；而"租米"一詞中的"租"表明該詞的語義屬性，"米"則表明它的征課內容為米，故而租米就是田租所繳納的米。賦稅專名詞大部分都是由基本詞"稅""租""賦""課""錢""役""耗""貢"構成，也有少量詞由"稅錢""租錢"構成，還有一些由征納內容或征納方式直接指稱稅名。它們在每一稅收門類中的分布并不均衡，其統計結果見表2-2：

表2-2

| | 類目總數 | 賦 | 租 | 稅 | 課 | 錢 | 稅錢 | 租錢 | 役 | 耗 | 貢 | 其他 |
|---|---|---|---|---|---|---|---|---|---|---|---|---|
| 農業稅名 | 26 | 2 | 8 | 9 | 3 | 0 | 0 | 0 | 0 | 0 | 0 | 4 |
| 工商稅名 | 50 | 0 | 1 | 19 | 6 | 17 | 5 | 2 | 0 | 0 | 0 | 0 |
| 人口稅名 | 13 | 0 | 0 | 1 | 0 | 7 | 1 | 0 | 0 | 0 | 0 | 4 |
| 勞役稅名 | 7 | 0 | 0 | 0 | 0 | 0 | 0 | 0 | 6 | 0 | 0 | 1 |

續表2-2

| | 類目總數 | 賦 | 租 | 稅 | 課 | 錢 | 稅錢 | 租錢 | 役 | 耗 | 貢 | 其他 |
|---|---|---|---|---|---|---|---|---|---|---|---|---|
| 附加雜稅 | 121 | 0 | 0 | 5 | 0 | 85 | 3 | 0 | 0 | 9 | 0 | 19 |
| 貢獻稅名 | 1 | 0 | 0 | 0 | 0 | 0 | 0 | 0 | 0 | 0 | 1 | 0 |
| 總數 | 218 | | | | | | | | | | | |

通過統計可以看出，"賦"在賦稅專名中構成的詞相對較少，賦稅專名主要由"稅""租""錢""課"構成，其中"租"主要構成與田賦相關的稅名；"稅"可構成除勞役和貢獻之外的稅目名稱，且在工商稅目中構詞較多；"課"主要構成與田賦和工商相關的稅名，而其中工商稅名更多；"錢"可構成的稅目中附加雜稅類最多，也有部分工商稅目和少量人口稅目；"役"只構成勞役稅目，"耗"只在附加雜稅中出現，"貢"只在貢獻稅名中出現。

## 三、稅名基本詞的共時語義分析

蔣紹愚在《古漢語詞彙綱要》中指出："討論詞義不能籠統地以詞為單位，而要以義位為單位。"① 義位的組成成分是義素，義素是區別詞性的語義特徵。然而義位并不是義素的簡單集合，而是一個有著不同層次的義素層級體系，高層級義素是概括性強的上位義素，低層級義素是比較具體的下位義素。張志毅、張慶雲在《詞彙語義學》中將義素層級分為六個：第一層級的義素是概括整個詞類的上位語法義素；第二層級的義素是概括一個詞類之中一部分詞的"義素·語法義素"，是詞類次範疇的語法特徵；第三層級的義素是一個語義場的各義位的共性義素，即上位語義義素；第四層級的義素是下位語義義素之中的主要個性義素，是主要的區別特徵；第五層級的義素是下位語義義素之中的次要個性義素，是次要的區別特徵；第六層級的義素是義位語義義素之中的

---

① 蔣紹愚. 古漢語詞彙綱要［M］. 北京：商務印書館，2005.

附屬義素，即陪義。① 據此，我們將從義素分析的角度來探討稅名基本詞的共時語義差異。

稅名基本詞是由同義結構關係的義位所構成的概念集合，這個集合中的第一、第二層級的義素是相同的，稅名基本詞的基本語義都是表示國家向人民強制征納的物資，故而第三層級的上位語義義素也是相同的，即［主體］＋［客體］＋［行爲方式］＋［對象］。雖然稅名基本詞的表層結構義素是相同的，但其深層義素結構則具有差異，《輯稿·食貨》中由稅名基本詞構成的稅收名目表示的是稅收制度中規定的應當征稅的具體物品、行業或項目，它規定了一個稅種的課稅範圍，故而從這一角度來說，稅名基本詞中各成員的差異主要體現在兩個方面：一是征納對象的具體範圍，二是征納對象的具體形式。首先從征納對象的具體範圍來看，由基本詞構成的賦稅泛名并不表示具體的征納範圍，賦稅專名則表示具體的征納範圍。由前文統計可知，在指稱賦稅泛名時，"賦""稅""租""課""錢"可以相互聯合構成泛指，是構詞能力強的成員，而"役""貢"只在與"賦""課"等詞聯合時才表示賦稅泛名，并不能單獨泛指賦稅，"耗"則不用於指稱賦稅泛名。在賦稅專名中，"賦"一般不具體指稱某項具體類別的稅目，在《輯稿·食貨》中，"賦"用於特指稅名很少，僅在農業稅目中出現"田賦""秋賦"二詞，而"稅"則用於除勞役和貢獻稅之外的各種稅收，"租"主要指農業稅名，極少用於工商稅名，"課"則多指工商稅名，而較少用於農業稅名，"錢"用於除農業、勞役、貢獻稅目之外的稅名，"役""耗""貢"則體現出較強的專指性，分別只用於指稱勞役、附加、貢獻類專門稅名。因此，"賦""稅""租""課""役""耗""貢"所指稱的是"國家向百姓强制征納的某一範圍内的物資"，故而它們的深層語義體現是［主體］＋［客體］＋［行爲方式］＋［（範圍）對象］，其區別性的語義特徵體現在［（範圍）對象］即物資的範圍上，具體差異見表2—3：

---

① 張志毅，張慶雲. 詞彙語義學［M］. 北京：商務印書館，2005.

表 2-3

| 義位 | 義素 | | | | | | | | | |
|---|---|---|---|---|---|---|---|---|---|---|
| | 征收方（主體） | 繳納方（客體） | 强制征收（行爲方式） | 物資（對象） | | | | | | |
| | | | | 物資範圍 | | | | | | |
| | | | | 泛指 | 農業 | 工商 | 人口 | 勞役 | 附加 | 貢獻 |
| 税 | + | + | + | + | + | + | + | - | + | - |
| 租 | + | + | + | + | + | -(+)* | - | - | - | - |
| 課 | + | + | + | + | -(+) | + | - | - | - | - |
| 役 | + | + | + | - | - | - | - | + | - | - |
| 耗 | + | + | + | - | - | - | - | - | + | - |
| 貢 | + | + | + | - | - | - | - | - | - | + |
| 賦 | + | + | + | + | + | -(+) | - | - | - | - |
| 錢 | + | + | + | + | + | + | + | + | + | + |

\* "（ ）"内表示該詞較少用於具體指稱此范圍物資，下同。

同時，我們還注意到，"租"和"税"除了有賦税征納範圍的差異之外，還存在［主體］與［客體］即征納雙方的差异，"税"和"租"在宋代的經濟概念中是有一定差别的，李心傳《建炎以來系年要録》："劉豫之僭也，租税并取之，至是有舉人上書，請去其一。户部言：'自己之田謂之税，請佃田土謂之租。自來不曾有并納租税指揮。'乃依舊制。""税"是上繳國家的賦税，而"租"是佃種農户上繳的地租，《輯稿・食貨》中的"租"有時指的就是地租，如：

川界户絶田土，昨准敕，除二税外，悉定租課，召人請佃。（《食貨》六三）

候及三年，依條出賣，或立定租課，許人户添租承佃，給最高之人。若召到人所入租課與見佃人所入數同，即先給見佃人。（《食貨》六一）

今欲應管逃田，許不問户下有無田業，并令全户除墳塋外請射，充屯田佃種，依例納夏、秋租課，永不起税。若一户無力全佃，許眾户同狀分請，一户逃移，勒同請人均輸。（《食貨》六三）

## 第二章 《宋會要輯稿·食貨》賦稅名稱詞研究

宋代根據田產多寡來劃定稅收，其中有田地、家產的稱爲"主户"，包括官僚、地主以及占有少量土地的自耕農與半自耕農，承擔國家賦稅的主要是這一部分人，故而他們又被稱爲"稅户"。此外，宋代還有"客户"，他們大多數是流亡他鄉的客居民户，沒有自己的土地，隨著宋代租佃制的發展，客户擁有了獨立的户籍，成爲"佃人之田，居人之地""借人之牛，受人之土"的"庸而耕者"，他們所承擔的主要是"地租"，即佃種土地所生產的勞動產品中上繳地主的部分，因此"租"相較於"稅"與農業方面的聯繫更爲緊密。但又由於宋代田制中不僅私田可以租佃，官田也可以租佃，因而佃户所上繳的地租不僅可以是給私人地主的，也可以是給官府的，這就導致了"租""稅"在語義上的靠近，故而有時《輯稿·食貨》中的"租"也籠統地指賦稅，如：

> 且以目前利害言之，蠹民之財，莫甚於輸納二稅之弊，大率較之，逐年秋租加耗之入，或過於正數。官收一歲之租，而人輸兩倍之賦，中下之家卒歲之計僅足以給，而輸官之物半已靡費，所以催科常不及分，民間欠負無時可了。（《食貨》六八）

綜上所述，它們的語義差別見表 2—4：

表 2—4

| 義位 | 義素 | | | | | | | | |
|---|---|---|---|---|---|---|---|---|---|
| | 征收方（主體） | | 繳納方（客體） | | 強制征收（行爲方式） | 物資（對象） | | | |
| | | | | | | 物資範圍 | | | |
| | 政府 | 地主 | 主户 | 客户 | | 農業 | 工商 | 人口 | 附加 |
| 稅 | ＋ | － | ＋ | － | ＋ | ＋ | ＋ | ＋ | ＋ |
| 租 | ＋ | ＋ | － | ＋ | ＋ | ＋ | －(＋) | － | － |

稅名基本詞各成員之間的深層語義差异還體現在征納對象的具體形式上，從這一角度來說，稅名基本詞的語義形式爲"國家向百姓強制征納的某種形式的物資"，其深層語義結構是［主體］＋［客體］＋［行爲方式］＋［(形式)對象］。稅名基本詞中征納物資的具體形式與其他成員存在差异的主要有"錢"和"役"，其中"錢"在指稱稅名時多表示該項稅收的征納形式即貨幣稅，"役"也是如此，在指稱稅名時不僅

表示了該項稅收的具體類別，還表示了該項稅收的征納形式即勞役稅。除此之外，"賦"多用於泛指，一般較少用於具體指稱以某種特定物資形式繳納的賦稅，但偶爾在指稱具體征納物資時多用於表示以貨幣和實物繳納的稅名，如：

> 七月十八日，詔右通直郎、知秀州嘉興縣閤冕特降一官。兩浙轉運副使姜詵奏"嘉興縣出違省限，拖欠常賦苗米一萬一千一百餘石，知縣更不催納"故也。（《食貨》一〇）

> 仁宗慶曆元年九月，詔天下立義倉。先是，判三司戶部勾院王琪言："自景祐以來，嘗言方今之宜，莫若自第五等戶以上，於夏、秋正稅外，每一石別納一斗，隨常賦以入。若遇水旱，但正稅得減，則更不輸。各州於邑擇其便地，別置倉以貯之，領於本路轉運使。"（《食貨》六二）

> 二十二年正月二十一日，大理評事莫濛言："州縣間常賦秋苗、義倉官耗各有定數，而受納官吏往往於額外別立名色，謂之加三收耗及腳耗之類，民戶受弊，至有納一二倍繳及正額者。其多收在官之數，止資官吏侵盜欺隱。乞令有司檢坐條法行下，每遇受納，揭示民間，許令越訴。仍令監司、郡守常切覺察。如有違戾，按劾聞奏。"從之。（《食貨》六二）

> 二年五月一日，詔右迪功郎、新差充江南東路常平司幹辦公事程諟特降一資，放罷新任，所欠常賦，令日下監納。知饒州俞翊奏："諟身為命官，積年不納常賦，一戶共欠七百一十一貫有奇。"乞施行，以為形勢戶不納常賦之戒。故有是命。（《食貨》七〇）

由"貢"構成的貢獻稅目在宋代多以實物形式繳納，如：

> 紹興三年五月十四日，都省言："揚州依格合發土貢細紵布，係是溫、泉州出產之物。本州累經殘破，目今并無客販，望權蠲免二年，候將來成井邑、起稅賦日依舊。"（《食貨》四一）

> 戶部主受天下土貢之物，若正旦朝會立仗，則陳方物於殿庭，及旌表門閭雜事。（《食貨》五六）

二十六日，詔河南諸路新復州軍上供錢、帛、斛斗及<u>土貢物色</u>，及大禮進奉銀、絹，并放免三年。（《食貨》六三）

當然，《輯稿》中也存在以土貢爲名實際征收銀錢的雜稅，如：

十一月一日，臣僚言："淮甸州縣自紹興二十一年起理二稅之外，其間逐年創行科敷，名色不一，曰上供錢，曰大禮銀錢，曰天申節銀錢，曰<u>土貢銀錢</u>，曰人使歲幣錢，曰亭館錢，曰雇船糜費錢，曰貼撥錢，其他苛細科擾，不可具陳。乞行蠲除。"詔令户部檢坐節次已降指揮，申嚴行下，更不得催理，仍令漕司出榜曉示。（《食貨》六三）

但一般而言，以貢構成的稅目還是以實物形式征納的。

以"耗"構成的稅目一般用實物形式繳納，如：

前權知臨江軍彭合言："本軍清江縣五鄉與四鄉秋苗，每一碩加<u>耗米</u>七□，於造簿之際，已行聲載。至人户赴官送納，遂成久例。獨一鄉係新淦縣撥隸，則無此耗。欲望悉與蠲免，仍於造簿之際，不得更載前件耗數。或已係經界均稅，即不得將舊來係簿加耗於正苗内均敷。"（《食貨》九）

兼自來公庫造酒米全仰民户輸納，官務<u>糯米</u>，多收耗剩，暗行撥入公庫使用。（《食貨》二一）

乞申飭諸路提舉司，日下取見所部州縣一歲額管苗米數目，計其合收義倉米斛，自嘉定十四年分爲始，令人户（令）[合]鈔送納，州委通、簽，縣委丞、簿交受，仍入別倉安頓，亦不收頭子、脚剩錢及<u>耗米</u>。（《食貨》六八）

由其他成員"稅""租""課""耗"構成的稅目既可以用實物形式繳納，也可以用貨幣形式繳納，如：

民間送納兩稅<u>斛斗</u>，多緣推割不明，催科無術，支移太遠，折變價高，攬納射利，公吏求貨，雜以濕惡，高下□面，盜印虛鈔，失陷羨餘，如此十事，州縣漫不省察。（《食貨》一〇）

天禧元年八月，詔諸州<u>賣買耕牛稅錢</u>更放一年，三司不須比較。（《食貨》六三）

二十一日，廬州言："本州諸司經、總無額上供錢物斛斗、激賞、頭子、厢禁軍鋪兵缺額、坊場等錢物增添稅錢，係是極邊，民力困弊，若自來年椿辦，委是難以支吾。欲望更予寬展年限。"詔更展免一年。（《食貨》六三）

一月二十二日，成都府路轉運判官樊汝霖等言："本司照得所理人户白契稅錢，係自紹興三十一年立限拘收，至今首尾已經五周年，其間官司或催或放，或理或還，以致文簿交錯，民間疑惑。其初本路一路共合理民間錢三百四十萬餘貫，今來所餘三十七萬餘貫，并係畸零殘欠，乞權住催理。"（《食貨》六三）

近承指揮，令取撥四川白契稅錢一百五十萬貫趁本所椿管，緣四川係行使鐵錢地分，計置輕齎赴鄂州軍前，止得七十五萬貫，深恐緩急不足支用。（《食貨》二一）

九月二十八日，京西路計度轉運使王□言："本路唐、鄧、襄、汝等州治平以前，地多山林，人少耕植。自熙寧中，四方之民湊輻開墾，環數千里，并爲良田。知唐州高賦曾將所墾地內每項立稅，止一二百，餘州更不曾立稅，多係有田無稅之户。元豐間，察知其弊，將所墾新田立定五等稅額，元祐住罷不行。大觀施行，間因人户陳狀，又複住罷。四十餘年，官中失收租賦，以貫石計之，逾數千萬。"（《食貨》一〇）

檢會臣寮上言，諸路監司職田數內，有所納租課并納上色斛斗，又有無田可撥去處。（《食貨》六一）

天聖九年四月四日，三司言："京榷貨務天聖六年收末鹽課錢百八十萬三千貫，今請定爲祖額。"殿直王文恩上言："解鹽通商，其河中九州軍望且仍舊榷糴，俟至歲杪，以官糶及商人入納錢數同爲比較。"并從之。（《食貨》二四）

綜上可知，稅名基本詞所表示的征納物資形式的具體差异見表2—5：

表 2-5

| 義位 | 義素 | | | | | | |
|---|---|---|---|---|---|---|---|
| | 征收方（主體） | 繳納方（客體） | 强制征收（行爲方式） | 物資（對象） | | | |
| | | | | 泛指 | 物資形式 | | |
| | | | | | 貨幣 | 勞役 | 實物 |
| 錢 | + | + | + | − | + | − | − |
| 役 | + | + | + | − | − | + | − |
| 租 | + | + | + | + | + | − | + |
| 稅 | + | + | + | + | + | − | + |
| 課 | + | + | + | + | + | + | + |
| 耗 | + | + | + | − | + | − | + |
| 貢 | + | + | + | − | −(+) | − | + |
| 賦 | + | + | + | + | + | + | + |

　　通過以上分析，可以看出稅名基本詞各成員之間的語義差別。這種差別主要受兩個方面因素的影響：一是語言内部發展因素，二是語言外部發展因素如社會經濟因素。首先，"稅""賦""租""課"進入稅名基本詞領域主要是語言内部發展因素的作用，"稅""賦""租"本身就是由賦稅義發展而來的，"課"由征納義發展而來，它們的含義與賦稅的聯繫更爲緊密，因而從總體上來看，它們的賦稅含義比較獨立，可以單獨泛指賦稅，也可以指稱專門類別的賦稅。其中"稅"和"租"的差異又有一定的語言外部發展因素的影響，先秦時期的"稅"和"租"語義非常相近，都指田賦稅收，兩漢時期，"稅"和"租"都可用於除田賦稅收之外的其他稅目。隨著封建租佃制的發展，"稅"與"租"的語義有了分化，"稅"仍然指稱田賦和其他稅目，"租"則更多地指地租，即租佃關係中佃户上繳地主的產品，但又因爲宋代官田也可以租佃，因而佃户上繳官府的地租某種程度上也包含在國家的賦稅財政收入之内。這種變化一方面導致了"租"和"稅"在語義上的相似，即"租"可以和"稅"一樣籠統地泛指賦稅；另一方面也導致了"租"與農業稅的聯繫

更爲緊密，故而不像"稅"一樣可以廣泛用於各類稅目。

"貢""役""錢""耗"進入稅名基本詞領域更多地受到社會經濟因素的影響。"貢"是中國古代早期的稅收形式，本指方國向王朝或平民向貴族進獻實物，而隨著社會經濟的發展，賦稅制度產生了變化，"貢"在賦稅制度中不再占有主要地位，故而它的賦稅義比較固定，專門指稱地方向中央進貢的物資，因此不能泛指賦稅的整體概念，僅用於稅收專名。"役"本身没有賦稅義，原指勞役，而勞役稅是中國古代傳統的賦稅征納形式，因此作爲賦稅所征納的"役"自然而然進入稅名基本詞領域。"錢"本身也没有賦稅義，它本指貨幣，即商品交換的媒介，但作爲賦稅征納的貨幣與一般的貨幣在內涵上有所不同。我國古代的賦稅征納形式都是以實物稅爲主，但隨著經濟社會的發展，尤其是宋代商品經濟已經發展到了一定的水平，貨幣已經不單單是一種支付手段，更是一種契約商品，由一般的商品流通領域向政治經濟領域延伸，"錢"逐漸進入稅名基本詞領域正是經濟發展的結果。正是由於"錢"的貨幣義比較突出，其在指稱賦稅時更多地帶有該項賦稅的征納形式的含義，因此它的賦稅義需要依附其他成分，要麽與稅名基本詞"稅""租""課"等構成賦稅泛名，要麽與其他表示具體稅收類別或方式的詞構成專門稅名，且其所構成的專門稅名也都表示用錢征納的某項稅收，故而"錢"的賦稅義并不獨立。"耗"進入稅名基本詞領域也是受到社會經濟因素的影響，其來源是宋代以稅物運輸和儲存中的損耗爲借口向百姓額外征收的物資，是一種附加稅，屬於賦稅的一個特殊類別，專指性較强，因此并不能用於賦稅的泛指。

通過上述分析，稅名基本詞各成員之間的關係可用圖2—1表示：

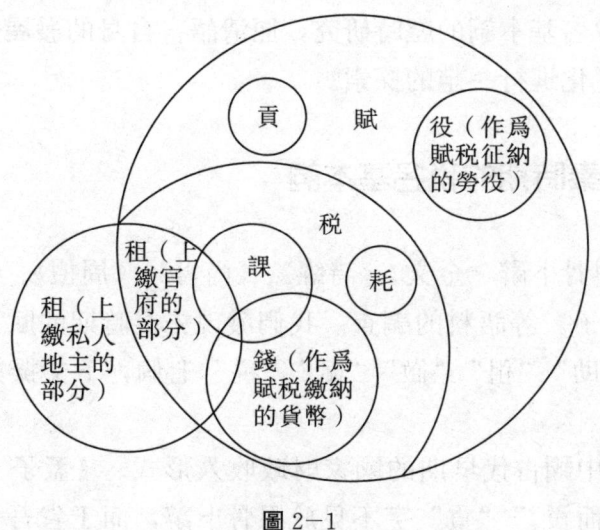

圖 2-1

綜上可知，"賦""稅""租""課"的賦稅義比較獨立，專指性弱，是稅名基本詞中的典型成員；"錢""役""耗""貢"的賦稅義需要依附其他成分，專指性強，是稅名基本詞中的非典型成員。

## 第二節　稅名基本詞的歷時研究

《輯稿·食貨》中所見稅名基本詞大體上可以反映宋代賦稅名稱的概貌，然而稅名基本詞并不是固定不變的。語言的變化與經濟發展和社會制度演變有著密切的關係，正如斯大林所說："語言隨著社會的產生和發展而產生和發展，語言隨著社會的死亡而死亡。社會以外是沒有語言的，因此要了解語言及其發展規律，就必須把語言同社會的歷史、同創造這種語言、使用這種語言的人民的歷史密切聯繫起來研究。"[①] 詞彙的產生和發展有一定的歷史根源，并隨著社會的不斷發展而變化，這在稅名基本詞中體現得尤爲突出。賦稅是一個政治經濟概念，故而不同時期關於賦稅的命名基本都受到政治經濟因素的影響，而稅名基本詞的歷史演變也反映了我國古代不同社會時期的經濟和政治制度的演變。我

---

① 葉蜚聲，徐通鏘. 語言學綱要 [M]. 北京：北京大學出版社，2010.

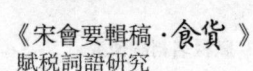

們擬通過對稅名基本詞的歷時研究，厘清語言自身的發展變化，以期對稅收制度的變化進行一定的探索。

## 一、先秦時期的稅名基本詞

通過對甲骨卜辭、金文、《詩經》、《尚書》、《周禮》、《春秋》三傳、《論語》、《孟子》等語料的調查，我們發現先秦時期的賦稅名稱主要有"貢""藉""助""租""徹""賦""稅"七個，下文擬對其進行具體分析。

"貢"是中國古代早期的國家財政收入形式。《孟子·滕文公上》："夏后氏五十而貢。""貢"字不見於甲骨卜辭，而于省吾先生曾在《釋工》一文中提出"工"與"貢"二字在古代通用，甲骨文用"工"而無"貢"[①]，卜辭中的"入工""工入"即表示入貢，如：

　　貞……入工。(《懷特》779)
　　貞……工入。(内)御。(《合集》25997)

并且"工"前有時亦冠以地名表示貢納來自某地，如：

　　戍其有工。(《合集》04276)
　　(貞)光……其工。(《合集》04484)

《説文》："貢，獻功也，从貝，工聲。""貢"與"功"古籍常互訓，且金文中省"功"爲"工"字，如：

　　史(獸)獻工與尹，咸獻工。(《史獸鼎》)

"獻工"即"獻功"也，故"工""貢""功"同爲獻義，于省吾認爲"貢"乃後起之分別文，這一點在金文中可以找到一定的依據，金文有""字，西周晚期的《兮甲盤》有"淮夷舊我㐭畮人，毋敢不出其"，同樣是西周晚期的《師寰簋》有"淮人繇我㐭畮臣"，强運開認爲

---

① 于省吾. 甲骨文字釋林[M]. 北京：中華書局，1979.

## 第二章　《宋會要輯稿·食貨》賦稅名稱詞研究

🙮、🙮即貢字，"貢者獻其布帛，故或从貝，从白，白即帛"。[①] "貢"字即爲區別"工"字而產生之後起字，"貢畮人"和"貢畮臣"即納貢之人。"貢"既指方國向王朝進獻實物，也可指平民對貴族的納貢，是國家重要的財政收入之一，如：

　　禹別九洲，隨山浚川，任土作貢。(《書·禹貢》)

　　辨十有二壤之物而知其種，以教稼穡樹蓺，以土均之法辨五物九等，制天下之地征，以作民職，以令地貢，以斂財賦，以均齊天下之政。(《周禮·地官司徒》)

　　小行人掌邦國賓客之禮籍，以待四方之使者。令諸侯春入貢，秋獻功，王親受之。各以其國之籍禮之。(《周禮·天官司寇》)

　　天王使家父來求車，非禮也。諸侯不貢車服，天子不私求財。(《左傳·桓公十五年》)

　　二子各一，皆盡征之，而貢於公。(《左傳·昭公五年》)

　　象不得有爲於其國，天子使吏治其國，而納其貢稅焉，故謂之放，豈得暴彼民哉？(《孟子·萬章》)

　　夏后氏五十而貢，殷人七十而助，周人百畝而徹，其實皆什一也。(《孟子·滕文公上》)

　　田野什一，關市幾而不征，山林澤梁，以時禁發而不稅。相地而衰政。理道之遠近而致貢。(《荀子·王制》)

"藉"是商周時期的賦稅制度，《禮記·王制》："古者公田藉而不稅，市廛而不稅，關譏而不征，林麓川澤以時入而不禁。"《孟子·滕文公下》云："助者，藉也。"但此字并非賦役制度之"藉"的本字，文獻中"藉""耤""籍"混用，蓋同音假借，《說文》："耤，帝耤千畝也。古者使民如借，故謂之耤。"故藉當爲"耤"，但"使民如借"也并非其本義，甲文中耤的字形爲🙮（甲3420），象人執耒耕作之形，當訓爲耕作，如：

---

[①] 李圃. 古文字詁林[Z]. 上海：上海教育出版社，2000.

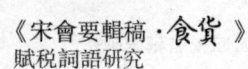

> 丙申卜，争，貞乎<u>耤</u>于陮。(《合集》09504 正)
> 己亥卜，貞：命吳小<u>耤</u>臣。(《合集》09511)
> 伯吹作<u>耤</u>。(《佚》966)

西周有耤禮，這是一種天子親自帶領庶民耕作田地的儀式，如：

> 王大<u>耤</u>農於諆田錫(場)。(《令鼎》)
> 甸師掌帥其屬而耕耨王<u>藉</u>，以供齍盛。(《周禮·天官·甸師》)

耤禮在耤田上進行，耕作的勞動成果名義上用於祭祀、救濟等公共開支，但實際上變成了貴族的收入，耤也逐漸變成一種剝削方式，其主要形式爲強迫庶人進行無償勞動，後變爲一種勞役地租，如：

> 實墉實壑，實畝實<u>藉</u>。(《詩·大雅·韓奕》)
> 初稅畝，初者，始也，古者什之，<u>藉</u>而不稅。(《春秋穀梁傳·宣公》)
> 古者什一而<u>藉</u>。(《春秋公羊傳·宣公》)

又由於耤由天子帶頭集體勞動演變爲征發庶人提供無償勞動，故有了"借民力治之"的含義。

"助"與"藉"有著密切的聯繫，據《孟子》所載，"助"爲商制，《孟子·滕文公上》："助者，藉也。""殷人七十而助。"朱熹注："借其力以助公田。"《説文·力部》："助，左也。从力，且聲。"《説文·耒部》："耡，商人七十而耡。耡、耤，税也。"二者均不見於甲骨卜辭和金文，或均爲後起。而《鬲攸從鼎》有"且"字：

> 鬲从攸衛牧告於王曰："女□(爲)我田牧，弗能許鬲从，王令眚(省)史南以即虢旅，虢旅乃史(使)攸衛牧誓曰，弗具付鬲从，其<u>且</u>射分田邑，則殊，攸衛牧誓。"

楊樹達認爲"且射"即"租謝"①，"租"是地租，"謝"是財物貢獻，高翔麟《説文字通》引《長箋》云："且古祖字，田賦以給宗廟，

---

① 李亞農. 欣然齋史論集 [M]. 上海：上海人民出版社，1962.

故从且。"① 前文已述周代有耤禮，裘錫圭認爲商代卜辭中也存在商王親自參與農事活動的材料，類似於周代耤禮②，如：

> 庚子卜，貞王其萑耤，叀往。十二月。(《合集》09500)
> 今春王黍于南兆。(《合集09518》)
> 貞：王蒞黍，受年。一月。(《合集》09525 正)
> 丁未卜，貞：隹王刈黍。(《合集》09559)

同時，卜辭中也確實存在以收穫物祭祀神靈的記載，如：

> 壬午卜，争，貞令登取黍。(《懷特》448)
> 癸丑卜，王，丁梁入，其登于父甲。(《合集》27455)

楊寬在《西周史》中舉海南島黎族在 1950 年部分地區保存的"合畝"制爲例，說明原始公社的集體勞動產品的確用於祭祖。③ 故而"且"可能由祖先義引申指集體生產出來的用於祭祀的糧食，而助字从力，可能是指在公田或籍田中協作勞動，佐助爲其引申義，後來隨著"藉"逐漸演變爲一種強制的力役征課，"助"自然也就成了勞役地租，如：

> 耕者助而不稅。(《孟子·公孫丑上》)
> 惟助爲有公田，由此觀之，雖周亦助也。(《孟子·滕文公上》)

"租"不見於甲骨卜辭和金文，前文已述"且"爲用於祭祀的集體產品，"助"从力，爲勞役地租。那麽"租"从"禾"則爲實物地租，李亞農認爲，租原指勞役地租的實物收入。④ 魯國實行初稅畝改革後，各國紛紛開始變革，公元前 484 年，秦國實行"初租禾"，"租"廣泛用於指稱田租，如：

> 部佐匿者(諸)民田，者(諸)民弗智(知)，當論不當？
> 部佐爲匿田，且可(何)爲？巳租者(諸)民，弗言，爲匿

---

① 楊寬. 西周史 [M]. 上海：上海人民出版社，2003.
② 裘錫圭. 甲骨文所見商代農業 [A] //農史研究八輯. 北京：農業出版社，1989.
③ 楊寬. 西周史 [M]. 上海：上海人民出版社，2003.
④ 李亞農. 欣然齋史論集 [M]. 上海：上海人民出版社，1962.

田；未租，不論□□爲匿田。（《睡虎地秦簡·法律答問》）

禾兑（税）田卅步，五步一斗，租八斗，今誤券九斗，問幾可（何）步一斗？［《岳麓書院藏秦簡（貳）》12/0982］

租禾。税田廿四步，六步一斗，租四斗，今錯券五斗一升，欲奭□□幾可（何）步一斗？［《岳麓書院藏秦簡（貳）》14/0817＋1939］

"徹"始於周，《孟子·滕文公上》云"周人百畝而徹"，并釋"徹者，徹也"，語焉不詳。《詩·大雅·公劉》："度其隰原，徹田爲糧。"毛傳訓徹爲治，朱熹訓爲通，殊難條暢。《説文·攴部》："徹，通也，从彳，从攴，从育。𢾭，古文徹。"甲骨卜辭中徹的字形爲 （前二·九·五），从鬲从又，象手象鬲之形，意爲食畢而撤去之意。食畢撤去，對炊具而言是被拿走，對食者而言則是取得，故而徹有取義，如《詩·豳风·鸱鸮》："徹彼桑土，綢繆牖户。"然而作爲一种賦税制度，徐中舒認爲其乃從公社土地中徹取一部分作爲公田，爲借助人民進行生産糧食的準備，而非直接征收的什一生産税收①，如：

度其隰原，徹田爲糧。（《詩·大雅·公劉》）

王命召伯，徹申伯土田。（《詩·大雅·崧高》）

王命召伯，徹申伯土疆。以峙其粻，式遄其行。（《詩·大雅·崧高》）

江漢之滸，王命召虎。式辟四方，徹我疆土。（《詩·大雅·韓奕》）

這種劃分出來的田地逐漸成爲借民力而耕的藉田，貴族通過强制庶人在從公社徹取的藉田上耕作來收取勞役租税"助"和實物成果"租"，故而嚴格來説，徹雖并不是完備的賦税制度，但已具有了一定的賦税内涵與征納動機，是賦税的前身。

"賦"字《説文》訓爲斂，《廣雅》訓爲税，《漢書·食貨志》載周法："有賦有税，税謂公田什一及工商虞衡之入也，賦共車馬兵士徒之役，充實府庫賜予之用，税給郊社宗廟百神之祀、天子奉養、百官禄

---

① 徐中舒. 試論周代田制及其社會性質［J］. 四川大學學報，1955（2）.

食、庶事之費。"《漢書·刑法志》亦云："有稅有賦，稅以足食，賦以足兵。"可見賦主要是指軍賦，從字形上看，"賦"字從貝從武，也可看出其與軍事和戰爭的關係，同時"賦""武"古韻同部，爲會意兼疊韻諧聲字。軍賦產生於西周時期，從西周末年到春秋爲國家的經常稅收，是國家維持軍隊、進行戰爭的軍事費用，如：

> 凡令賦，以地與民利之：上地，食者三之二，其民可用者家三人；中地，食者半，其民可用者二家五人；下地，食者三之一，其民可用者家二人（《周禮·夏官·大司馬》）。鄭玄注："賦，給軍用者也。"

> 乃經土地，而井牧其田野，九夫爲井，四井爲邑；四邑爲丘，四丘爲甸；四甸爲縣，四縣爲都，以任地事而令貢賦（《周禮·地官·小司徒》）。鄭玄注："賦，謂出車徒給徭役也。"

> 楚薳掩爲司馬，子木使庀賦，數甲兵，甲午，薳掩書土田：度山林，鳩藪澤，辨京陵，表淳鹵，數疆潦，規偃豬，町原防，牧隰皋，井衍沃，量入脩賦，賦車，籍馬，賦車兵、徒卒、甲楯之數，既成，以授子木，禮也。（《左傳·襄公二十五年》）

> 周於諸侯，國人所尊，諸侯所知，立於朝而祀於家，有祿於國，有賦於軍。（《左傳·昭公十六年》）

> 申公巫臣曰："不可。此申、呂所以邑也，是以爲賦，以禦北方。若取之，是無申、呂也。晉、鄭必至於漢。"王乃止（《左傳·成公七年》）。杜預注："言申、呂賴此田成邑耳。不得此田，則無以出兵賦，而二邑壞也。"

公元前538年，鄭大夫子產在田制和社會改革的基礎上實行軍賦改革，《左傳·昭公四年》："鄭子產作丘賦。""丘"指的是區劃田地、政區的基層地域組織，屬於國野制度中野的行政單位之一，丘賦制度即指將過去僅從國中征納的軍賦擴大到向丘中征納。公元前493年，魯國進行了一次軍賦制度改革，即"田賦"，《春秋》三傳和《國語·魯語》都記錄了這次改革，《左傳·哀公十二年》："春，王正月，用田賦。"田賦

49

即將過去按照行政單位繳納軍賦的制度變爲直接以田畝爲基準征納軍賦的制度，故而"賦"的含義也開始擴大，概念由軍事征納向農田征納延伸。

"稅"出現得最晚，甲骨文、金文均不見其字形。"稅"有解脫、捨去義，如《左傳·成公九年》："鄭人所獻楚囚也，使稅之。"杜預注："稅，解也。"又"蟬蛇所解皮"曰"蛻"①，"稅"爲月部書紐，"脫""挩""蛻"爲月部透紐，書、透準旁紐，音近義通，因而"稅""脫""挩""蛻"爲一組同源詞，都有脫捨義。脫捨這一含義，對被動方來說是捨去，從主動方而言就是奪取，文獻中亦有"敚"，爲"奪"之本字，意爲強取。《說文·支部》："敚，強取也。周書曰：敚攘矯虔。"段玉裁注："呂刑文，今尚書作奪。""敚"字月部定紐，故"稅"與"敚"亦爲同源詞，而賦稅本身就是政府的強行征納，故而"稅"的語義來源可能就是奪取。目前可見"稅"字記錄租稅義的最早語料應該是《春秋·宣公十五年》所載"初稅畝"，這次改革發生在公元前594年，《春秋》三傳對此都有論述，如：

  初稅畝，初者，始也，古者什之，藉而不稅。初稅畝，非正也。（《春秋·穀梁傳》）

  初稅畝，初者何？始也；稅畝者何？履畝而稅也；何以書？譏；何譏爾？譏始履畝而稅也；何譏乎始履畝而稅？古者什一而藉。（《春秋·公羊傳》）

  初，稅畝，非禮也。谷出不過藉，以豐財也。（《春秋·左氏傳》）

三傳都將"稅"和"藉"對舉論述，認爲稅畝"非禮也"，即非周制，《穀梁傳》云古制爲"藉而不稅"，《孟子·公孫丑上》亦云"耕者助而不稅"，故而"稅"當指實物租稅，稅畝即以實物地租代替勞役并按畝征稅。魯國這次變革確立了此後中國古代兩千多年的土地稅征收制度，稅畝與後來同樣按田畝征納的軍賦合流，"稅"與"賦"也逐漸混同。此後秦代的賦稅制度中，田租是按畝征納的，而用以征納田租的土

---

① 許慎. 說文解字［M］. 北京. 中華書局，2003.

地則稱爲"稅田",如:

> 今枲兑(稅)田十六步,大枲高五尺,五步一束,租五斤。[《岳麓書院藏秦簡(貳)·數》0788]
> 
> 枲兑(稅)田十六步,大枲高五尺,三步一束,租八斤五兩八朱(銖)。[《嶽麓書院藏秦簡(貳)·數》0841]
> 
> 稅田二百卌步,三步一斗,租八石。[《岳麓書院藏秦簡(貳)·數》0939]

通過考證可知,先秦賦税名稱主要有"貢""藉""徹""助""租""賦""稅"七個,其中"貢"的專指性强,語義最早被固定下來;"藉""助""徹"產生於井田制的基礎之上,隨著井田制的消亡而消亡;"租""稅""賦"則隨著賦税制度的變革而得以保留。稅名基本詞的消亡與存續體現了經濟制度對詞彙的影響。

## 二、兩漢至南北朝時期的稅名基本詞

詞彙由單音走向複音是漢語詞彙發展的内部規律之一,詞彙的單音化不僅有語言内部因素,也有語言外部因素。先秦時期的賦税名稱基本上都是單音詞,彼此的表意有著明確的分工,這是由於西周至春秋戰國時期,中國社會仍然處在奴隸制向封建專制過渡的歷史階段,社會分工還不完善,賦税制度相對簡單。而秦始皇統一六國之後,封建專制制度逐漸建立,國家機器逐步完善,社會分工也越來越細緻。隨著工商業的不斷發展,人口逐漸增多,封建賦税制也發生了變化,故而爲了能够更加精確地表達不同的賦税名稱,大量複合詞在語言運用中被創造出來。兩漢至南北朝時期,上古賦税詞中的"助""徹""藉"消亡,"租""賦""稅""貢"保留下來,并作爲基本詞和其他成分構成賦税詞。通過對漢代簡牘資料如《岳麓書院藏秦簡》及相關史籍政書如《史記》《漢書》《漢官六種》《後漢書》《三國志》《晋書》《梁書》《陳書》《北齊書》《南齊書》,以及《鹽鐵論》《風俗通義》《世説新語》等相關語料的調查,由"租""賦""稅""貢"構成的稅名見表2-6:

表 2—6

| 時期 | 基本詞 | 租 | 賦 | 稅 | 貢 |
|---|---|---|---|---|---|
| 兩漢 | 泛名 | 租賦、租稅、稅租 | 租賦、賦稅 | 賦稅、租稅、稅租 | 貢賦、貢稅 |
| 兩漢 | 專名 | 田租、市租、軍市租、海租 | 口賦、算賦、戶賦、軍賦 | 稾稅、市稅、訾稅 | 土貢 |
| 三國及魏晉 | 泛名 | 義租、租入、租賦、租輸、租奉、租秩 | 徭賦、歲賦、賦斂 | 租稅、賦稅 | |
| 三國及魏晉 | 專名 | 田租、租穀、租布、米租 | 牛肉小賦 | 田稅、檽稅、關稅、估稅 | |
| 南北朝 | 泛名 | 租賦、租稅、稅租 | 租賦、賦稅、稅賦、歲賦 | 徭稅、官稅、稅直 | |
| 南北朝 | 專名 | 租綿、租帛、麥租、租粟、田租、租米、租穀、租糧、市租、酒租 | 田賦、兵賦 | 鹽稅、鹽池稅、市稅、市門稅、灶稅、賕稅、雜稅、魚軍稅、牛埭稅、市稅 | |

在上古時期保留下來的稅名基本詞中，"貢"的語義首先被固定下來，基本上僅僅用來指地方向中央的進貢，或者指周邊方國向朝廷的貢獻，稱爲"土貢"，此外僅和"賦""稅"等構成聯合結構，泛指貢獻和賦稅，如：

> 是以縣官開園池，總山海，致利以助貢賦，修溝渠，立諸農，廣田牧，盛苑囿。(《鹽鐵論·園池》)

> 秦、漢以天子之貴，四海之富，淮南竭一國之貢稅，向假尚方之饒，然不能有成者，夫物之變化，固自有極，王陽何人，獨能乎哉？(《風俗通義·正失》)

除此之外，"貢"不再和其他部分結合構成稅收專名，失去能產性。

從春秋時期的"田賦"變革開始，賦的征課範圍已經不限於軍賦，在漢代，賦已經可以和其他不同類別的成分搭配成爲專指稅名，如：

口賦：漢代人口稅名，七歲至十四歲，每人每年繳納一定賦稅以供天子。

賜中二千石以下及天下民爵。毋收四年、五年口賦。(《漢書・昭帝紀》)

算賦：漢代對成年人所徵的丁口稅。

八月，初爲算賦。(《漢書・高祖紀》)

更賦：漢代出錢以代服兵役和力役的賦稅。

漢氏減輕田租，三十而稅一，常有更賦，罷癃咸出。(《漢書・食貨志》)

三年以前逋更賦未入者，皆勿收。(《漢書・昭帝紀》)

牛肉小賦：三國曹魏時期針對牛肉收取的賦稅。

此爲官入兼多於舊，其所出與參少於昔。而度支經用，更每不足，牛肉小賦，前後相繼。(《三國志・魏書》)

從漢代到南北朝時期，"賦"逐漸不再指稱稅收專名，多用於泛指賦稅，如：

自漢已來，臣屬夫餘，夫餘責其租賦重，以黃初中叛之。(《三國志・魏書》)

是時天下無事，賦稅平均，人咸安其業而樂其事。(《晉書・食貨志》)

府庫已實，國用有儲，乃量奉祿，薄賦稅，則家給民足。(《南齊書・劉悛傳》)

而牧守蒞民，廉平未洽，年常租賦，多致逋餘。(《陳書・宣帝紀》)

"租"由田租演變而來，它的語義與農田關係比較密切，如：

田租、芻槀以給經用，凶年，山澤魚鹽市稅少府以給私用。(《漢官六種・漢官儀》)

每有饑饉，輒載租穀於城門，賑與貧餧，不宣己惠。(《後漢書・梁統傳》)

癸酉，調揚州五郡租米，贍給東郡、濟陰、陳留、梁國、下邳、山陽。(《後漢書・孝安帝紀》)

荆、湘、江、揚各先運四年米租十五萬斛，布絹各十四萬匹，以供大駕。（《晋書·周浚傳》）

兩漢至南北朝時期的"租"也并不限於農田租稅，其他門類的稅收也可以用"租"造詞，如"市租""義租""酒租"等：

偃方幸用事，因言："齊臨菑十萬户，市租千金，人眾殷富，巨于長安，非天子親弟愛子，不得王此。"（《史記·齊悼惠王列傳》）

乃宣告諸城，勉以忠義，屬兵秣馬，征發義租。（《晋書·姚泓載記》）

京邑酒租，皆折使輸金，以爲金塗。（《南齊書·東昏侯紀》）

"稅"同樣是由田稅發展而來的，并且也不限於表示農業稅收，其他門類的稅名均可用"稅"造詞，如"訾稅""關稅""牛埭稅""市稅""市門稅""魚軍稅""漁稅""灶稅""橘稅""賕稅""雜稅"等：

沛死弟代爲户後有宅媖匿訾稅直過六百六十錢。（《岳麓書院藏秦簡（叁）132》）

於是罷視聽，息校官，原逋責，除關稅，事崇恩澤，眾莫不悦。（《三國志·吴書》）

輕賦斂，除關稅，省園囿，以恤貧窮。（《晋書·張軌傳》）

西陵牛埭稅，官格日三千五百，元懿如即所見，日可一倍，盈縮相兼，略計年長百萬。（《南齊書·陸慧曉傳》）

山澤魚鹽市稅，以給私用。（《漢官六種·漢官舊儀》）

甲辰，遂祭太社。初除市門稅。（《北史·孝閔帝紀》）

風聞征虜將軍臣蕭穎達啓乞魚軍稅，輒攝穎達宅督彭難當到台辨問。（《梁書·蕭穎達傳》）

有水池及魚利多者置水官，主平水收漁稅。（《後漢書·百官志》）

既官煮，須斷人灶，官力雖多，不及人廣。請准關市，薄爲灶稅，私館官給，彼此有宜。（《北史·崔鑒傳》）

今賤吏疲人，獨專橘稅，管開閉之權，籍不校之勢，此道

路之蠹，奸利所殖也。(《晉書·潘嶽傳》)

頃世以來，綏取乖術，地惟形勢，居之者异姓，國實武用，鎮之者無兵，致寇掠充斥，賦稅不斷。(《南齊書·裴叔業傳》)

東境去歲不稔，宜廣商貨，遠近販鬻米粟者，可停道中雜稅。其以仗自防，悉勿禁。(《南史·宋本紀》)

可見此時"租"和"稅"在表意上的分工並不明確，在語義和用法上還是比較相近的。

除此之外，還有一部分新的成員進入賦稅基本名領域，如"調""役""錢""課"等，由它們構成的詞現列舉如下（見表2-7）：

表 2-7

| 時期 | 基本詞 | 役 | 錢 | 調 | 課 | 其他 |
|---|---|---|---|---|---|---|
| 兩漢 | 泛名 | | | | 課、賦課 | |
| | 專名 | 力役、徭役 | 馬口錢 | | | 口算 |
| 三國及魏晉 | 泛名 | 賦役 | | 賦調 | 常課、戶課 | |
| | 專名 | | 算錢 | 戶調 | | |
| 南北朝 | 泛名 | 租役、賦役 | | 調稅、調役、稅調、租調 | 租課、課輸、貲課 | |
| | 專名 | 徭役、力役、兵役、夫役 | 入市稅錢、口錢 | 調 | | |

"役"在先秦時期就是基本的征課內容之一，《孟子·盡心下》："有布縷之征，粟米之征，力役之征。"此時的力役是作爲具體的征課內容講的，與布縷、粟米一樣，還不是賦稅的名目，作爲正式的賦稅名稱出現得比較晚，如：

出入相友，守望相助，疾病相救，民是以和睦，而教化齊同，力役生產可得而平也。(《漢書·食貨志》)

又加月爲更卒，已，複爲正，一歲屯戍，一歲力役，三十倍於古，田租口賦，鹽鐵之利，二十倍於古。(《漢書·食貨志》)

"徭役"一詞出現得也比較晚,首見於《韓非子·備內》:"徭役多則民苦,民苦則權勢起,權勢起則複除重,複除重則貴人富,苦民以富貴人起勢,以藉人臣,非天下長利也。"其後用於指稱力役、軍役和雜役,如:

  向使秦緩其刑罰,薄賦斂,省徭役,貴仁義,賤權利,上篤厚,下智巧,變風易俗,化於海內,則世世必安矣。(《史記·平津侯主父列傳》)

  臣頃奉使北行,往反道路,聞眾徭役,其可得蠲除省減者甚多。(《三國志·魏書》)

"錢"初指"錢幣",本身沒有賦稅義,先秦時期貨幣稅收出現得比較零星,而到了兩漢時期,隨著工商業的發展,貨幣租稅逐漸踏入歷史舞臺,以"錢"構成的賦稅名稱也開始出現,如"稅錢""租錢""口錢""馬口錢""算錢"等:

  八月戊辰,初令郡國有田者畝斂稅錢。(《後漢書·孝桓帝紀》)

  裴令公歲請二國租錢數百萬,以恤中表之貧者。(《世說新語·德行》)

  算民,年七歲以至十四歲出口錢,人二十三。二十錢,以食天子。其三錢者,武帝加口錢,以補車騎馬。(《漢官六種·漢舊儀》)

  其令郡國毋斂今年馬口錢,三輔、太常郡得以叔粟當賦。(《漢書·昭帝紀》)

  遠夷不課田者輸義米,戶三斛,遠者五斗,極遠者輸算錢,人二十八文。(《晉書·食貨志》)

"調"出現在三國魏晉時期。《三國志·魏書·武帝紀》裴松之注引《魏書》載公(指曹操)《令》曰:"有國有家者……其收田租畝四升,戶出絹二匹、綿二斤而已,他不得擅興發。郡國守、相明檢察之,無令強民有所隱藏,而弱民兼賦也。"可見此時已出現了以戶爲單位征收絹綿的制度,只是無戶調之名,但有戶調之實。及至晉代,戶調之名正式產生,《晉書·食貨志》:"又制戶調之式:丁男之戶,歲輸絹三匹,綿三斤，女及次丁男爲户者半輸。""調"本無賦税義，實際上指的是一種征集和調用物資的行爲，如《後漢書·杜詩傳》："舊制發兵皆以虎符，其餘征調，竹使而已。"後來稅制實行的以户爲單位征收絹綿，實際上也是一種征調行爲，"户調"凝固成詞，開始指稱具體的賦税名稱，如：

  詔交趾三郡、南中諸郡，無出今年户調。(《晋書·武帝紀》)

  壬午，除天下户調綿絹，賜孝悌、高年、鰥寡、力田者帛，人三匹。(《晋書·孝惠帝紀》)

  先是，天下户以九品混通，户調帛二匹、絮二斤、絲一斤、粟二十石，又入帛一匹二丈，委之州庫，以供調外之費。(《魏書·食貨志》)

除了户調之外，調還可與其他税名基本詞構成聯合結構，指稱賦税的整體概念，如"賦調""租調""税調"等：

  夫府以統州，州以監郡，郡以范縣，如令互相領帖，則是下官反爲上司，賦調役使無複節限。(《晋書·王湛傳》)

  具僚以衆，資費日多，吏卒又倍，租調歲減。(《北史·楊尚希傳》)

  雍、豫、司、南兖、徐五州遇寇之家，悉停今年税調。其與虜交通，不問往罪。(《南齊書·明帝紀》)

"課"很早就有征收或繳納賦税的含義，《逸周書·大匡》："農廪分鄉，鄉命受糧。程課物征，躬競比藏。"漢代至南北朝時期，"課"逐漸用來表示税收，如：

  聖意勤勤，欲清流蕩濁、扶正黜邪不得，但以州郡無課而已(漢·蔡邕《答詔問灾异》)

  九江多虎，百姓苦之。前將募民捕取，武吏以除賦課，郡境界皆設陷阱。(漢·應劭《風俗通·正失·宋均令虎渡江》)

  而此年租課，三分遣一，明知徒足擾民，實自弊國。(《南齊書·王敬則傳》)

唐人所編纂之史書《晋書》《梁書》《陳書》《北齊書》《隋書》中亦

多有"課"表示賦税義的用例,如:

> 任城、梁國、中山雨雹、傷秋稼。減天下户課三分之一。(《晉書·武帝紀》)
> 督勸開荒五千餘頃,而熟田常課頃畝不減。(《晉書·良吏傳·王宏》)
> 國家於關外賦税蓋微,乃至年常租課,動致逋積,而民失安居,寧非牧守之過。(《梁書·賀琛傳》)
> 遷貞威將軍、南康内史,以秩米三千餘斛助民租課,存問高年,拯救乏絶,百姓甚賴焉。(《陳書·宗元饒傳》)
> 倉曹雖云州局,乃受山東課輸,大文綾并連珠孔雀羅等百餘匹,令諸嫗擲樗蒲調新麴,招城市年少歌舞爲娱,遊諸倡家。(《北齊書·祖珽傳》)

在進入賦税基本領域的新詞中,"役"是對前代征税制度的延續,"課"是詞義引申的結果,而"錢"和"調"體現的是賦税制度的新發展。

## 三、隋唐五代的税名基本詞

隋唐時期一些税名基本詞仍延續前代,"賦""税""租"仍然承擔著構成税名的主要任務,"役"仍然用於勞役税收,"課"的構詞能力有所發展,同時隨著賦税制度的變化,由"錢""調""庸"構成的賦税詞開始增加。通過對《隋書》《唐會要》《唐律疏議》《唐令拾遺》《朝野僉載》《舊唐書》《新唐書》《舊五代史》《新五代史》等語料的調查,我們將隋唐五代時期的賦税名稱列爲表2-8:

表2-8

| 類別 | 基本詞 | | | | |
| --- | --- | --- | --- | --- | --- |
| | 租 | 税 | 賦 | 役 | 貢 |
| 泛名 | 租賦、民租、徭租、官租 | 租税、税租 | 賦斂、常賦、財賦、貢賦、正賦 | 賦役 | 貢賦、賦貢 |

續表2—8

| 類別 | 基本詞 | | | | |
| --- | --- | --- | --- | --- | --- |
| | 租 | 稅 | 賦 | 役 | 貢 |
| 專名 | 租、租粟、田租、苗租、租米、夏租、屋租 | 户稅、茶稅、稅酒、田稅、地稅、屋稅、商稅、稅米、秋稅、夏稅 | 茶賦 | 徭役、力役、差役 | 貢、土貢 |
| 泛名 | 租錢、稅錢 | 課、課稅、租課、課利、課斂、徭課、户課、課役、課調 | 調布、調斂 | | |
| 專名 | 丁錢、麴錢、橋道錢、拔釘錢、青苗錢、除陌錢、僦柜納質錢、榷酒錢、地頭錢 | 榷鹽稅課、榷鹽課利、鹽課 | 調、租調、調絹、調麻 | 庸、租庸、庸課、庸調 | |

　　這一時期"租""稅""賦"仍然承擔著構成稅名的主要任務，其中"賦"基本上已經不用於專指性的稅名。隨著賦稅制度的變革，"租"和"稅"在語義上有了一定的分化，其中"租"在此時有較爲固定的含義。唐代承襲北魏租庸調稅制，《新唐書・食貨志》："凡授田者，丁歲輸粟二斛，稻三斛，謂之租。丁隨鄉所出，歲輸絹二匹，綾、絁二丈，布加五之一，綿三兩，麻三斤，非蠶鄉則輸銀十四兩，謂之調。用人之力，歲二十日，閏加二日，不役者日爲絹三尺，謂之庸。有事而加役二十五日者免調，三十日者租、調皆免。"故而，"租"不但與田賦聯繫緊密，且征納物資大多爲粟、米，如：

　　　　是秋，六十三州水，十七州霜旱；河北饑，轉江淮之南租米百萬石以賑給之。(《舊唐書・玄宗紀》)
　　　　又有韋堅，規宇文融、楊慎矜之迹，乃請於江淮轉運租米，取州縣義倉粟，轉市輕貨，差富户押舡，若遲留損壞，皆征舡户。(《舊唐書・食貨志》)

> 賦役之法：每丁歲入租粟二石。調則隨鄉土所產，綾絹絁各二丈，布加五分之一。(《舊唐書·食貨志》)
>
> 課戶每丁租粟二石。(《舊唐書·食貨志》)

"租"可用於其他賦稅類別，但使用較少，如：

> 宜覃雨露之恩，式表雲雷之澤，應汴州城內百姓，既經驚劫，宜放二年屋租；諸處有曾受逆人文字者，隨處焚毀。(《舊五代史·唐書》)

"稅"在隋唐五代時期可構成的賦稅專指詞比"租"更廣，不僅可用於與農業有關的稅收，還可用於商業稅、房屋稅、人口稅和雜稅，如：

> 雖東海、南東海、南山盡爲粟帛，亦恐不足，豈括田稅客能周給也。(《唐會要·團貌》)
>
> "應輸課稅"，謂租、調、地稅之類，及應入官之物，而回避詐匿，假作逗留，遂致廢闕及巧偽濕惡，欺妄官司，皆總計所闕入官物數，准盜科罪，依法陪填。(《唐律疏議·廄庫》)
>
> 應諸州縣佐官，近令約戶稅多少，量減佐官，實欲漸去冗員，以懲尸素。(《唐會要·刺史下》)
>
> 大和元年，戶部侍郎崔元略與西川節度使商量，取其穩便，遂奏請茶稅事使司自勾當，每年出錢四萬貫送省。(《舊唐書·忠義傳》)
>
> 大抵有唐之禦天下也，有兩稅焉，有鹽鐵焉，有漕運焉，有倉廩焉，有雜稅焉。(《舊唐書·食貨志》)
>
> 詔免襄州城內人戶今年夏秋來屋稅，其城外下營處與放二年租稅。(《舊五代史·晉書·少帝本紀》)
>
> 諸道綱運客旅，多於私路苟免商稅，請令所在關防嚴加捉搦。(《舊五代史·唐書·莊宗本紀》)

"錢"的構詞能力繼續發展，由"錢"構成的稅名大多是一些附加稅收，同時有一些稅收是之前未有的，如"橋道錢""麴錢""青苗錢""除陌錢""僦櫃納質錢"等：

河陽管內人户，每畝舊征橋道錢五文，今後不征。諸道州府每畝先征麴錢五文，今特放二文云。（《舊五代史·唐書·明宗本紀》）

上即位，推恩庶僚，下議公卿。或以稅畝有苗者，公私咸濟。乃分遣憲官，稅天下地青苗錢，以充百司課料。（《舊唐書·食貨志》）

車軸長七尺二寸，面三斤四兩，鹽斗，量除陌錢每貫二十文。（《舊唐書·食貨志》）

又取僦櫃納質錢及粟麥糶於市者，四取其一，長安爲罷市。（《新唐書·食貨志》）

"課"的構詞能力有所發展，可直接指稱稅收，還可與其他成分構成泛指的稅名，或構成表示納稅人員、納稅期限的詞，如：

男女年十六以上至六十，爲丁。男年十六，亦半課，年十八正課，六十六免課。（《隋書·食貨志》）

新舊錯亂，租課不時。（《南史·王玄謨傳》）

在唐代，"課"更加廣泛地用於表示賦稅，家中有納稅丁口的民户被稱爲"課户"，如：

凡賦役之制有四：一曰租，二曰調，三曰役，四曰雜徭。課户每丁租粟二石。（《舊唐書·食貨志》）

丙戌，詔凡諸色課户及俸户并勒歸州縣，其幕職、州縣官，自今并支俸錢及米麥（《資治通鑒·後周世宗顯德五年》）。胡三省注："唐初，諸司置公廨本錢，以貿易取息，計員多少爲月料。其後罷諸司公廨本錢，以天下上户七千人爲胥士，而收其課，計官多少而給之，此所謂課户也。"

繳納賦稅的限期爲"課程"，如：

郎中、員外郎之職，掌勾諸司百僚俸料、公廨、贓贖、調斂、徒役、課程、遣懸數物，周知內外之經費，而總勾之。（《舊唐書·職官志二》）

定額的賦稅稱爲"課利"，如：

如闕課利，依條科責者。（韓愈《論變鹽法事宜狀》）

此外亦有"課斂""庸課""徭課""課役"等表示賦稅的詞，如：

政教既寬，機務亦簡，戶不籍書，人無徭課。（《大唐西域記·三國》）

後成丁，征庸課，遂以麻蠟裹臂，以火爇之，遂成廢疾。（《朝野僉載》）

即人有課役，全戶亡者，亦如之；若有軍名而亡者，加一等。（《唐律疏議·捕亡律》）

在位十年，無所課斂。諸首領或鄙其不能富貴，社尒曰："部落既豐，於我便足。"諸首領咸畏而愛之。（《舊唐書·阿史那社爾傳》）

同時"課"也開始用於稅收專名，如"鹽課""榷鹽稅課""榷鹽課利"等：

時關中寇亂初平，國用虛竭，諸軍不給，令孜請以安邑、解縣兩池榷鹽課利，全隸神策軍。（《舊唐書·宦官傳》）

詔下，重榮上章論訴，言河中地窘，悉籍鹽課供軍。（《舊唐書·僖宗紀》）

天復中，朱全忠兼鎮河中，兩池鹽課始加至五十車。（《唐會要·轉運鹽鐵總叙》）

舊日安邑、解縣兩池榷鹽稅課，鹽鐵使特置鹽官以總其事。（《舊唐書·僖宗紀》）

"調"在隋唐時期的語義有所固定，在租庸調制中，"調"指人戶每年輸納絹二匹，綾、絁二丈，布加五之一，綿三兩，麻三斤，非蠶鄉則輸銀十四兩，因此，"調"也主要用於構成農田稅收，并且構成的稅名大部分也與其輸納物資有關，如"租調""調絹""調麻"等：

今天下戶口，亡逃過半，租調既減，國用不足。（《舊唐書·韋思謙傳》）

率人一床，調絹一疋，綿八兩，凡十斤綿中，折一斤作絲，墾租二石，義租五斗。（《隋書·食貨志》）

其調麻每年支料，有餘折一斤輸［一三］粟一斗，與租同受。(《唐令拾遺‧賦役令》)

由"調"構成的賦稅泛指詞有限，如"調斂""調布""課調"等：

　　即斷河橋，捉黎陽之關，塞河陽之路，劫調布以爲年甲，募盜賊而爲戰士，就食之人，亦云易集。(《隋書‧劉昉傳》)

　　郎中、員外郎之職，掌勾諸司百僚俸料、公廨、贓贖、調斂、徒役、課程、逋懸數物，周知内外之經費，而總勾之。凡内外官料俸，以品第高下爲差。(《舊唐書‧職官志》)

　　既見在役任，即無課調，若一身脱户，合杖六十。(《唐律疏議‧户婚》)

"庸"是隋唐五代時期新進入税名基本詞的成員，指的是成年丁口每年服役二十日，若不服役則每日須納絹數尺，是一種以勞役或實物繳納的税收，其專指性比較強，構成的税名有限，如"租庸""庸課""庸調"等：

　　五月壬午，上御興慶宫，受册徽號，大赦天下，百姓免來載租庸。(《舊唐書‧玄宗紀》)

　　每歲庸調，八月起征，可延至九月。詔天下民間家藏《孝經》一本。(《舊唐書‧玄宗紀》)

　　時武三思先有實封數千户在貝州，進屬大水，刺史宋璟議稱租庸及封丁併合捐免；巨源以爲穀稼雖被湮沉，其蠶桑見在，可勒輸庸調，由是河朔户口頗多流散。(《舊唐書‧韋安石傳》)

　　後成丁，征庸課，遂以麻蠟裹臂，以火蓺之，遂成廢疾。(《朝野僉載‧卷六》)

隋唐五代時期的税名基本詞中，核心成員仍然是"租""税""賦"；"錢"和"課"的構詞能力繼續發展，并保留下來；"役"作爲一種力役征課在封建賦税制度中長期存在，故而也一直保留；"調"和"庸"是隨著新的賦税制度先後進入税名基本詞領域的，也隨著後來朝代的税制變化退出了税名基本詞領域，宋代已無"調""庸"制度，"賦調"之名也僅在一些文學性語料中有所使用，"庸"則已完全不用來表示賦税。

## 四、宋金時期的税名基本詞

《輯稿·食貨》賦税名稱詞可以大體反映宋代税名基本詞的概貌，"賦""税""租"依然承擔著構成税名的主要任務，同時"錢"的構詞能力極大發展，產生了大量由其構成的賦税名稱，此外，由"課"構成的賦税名稱也較多，如"鹽課""酒課""茶課"，體現了宋代工商手工業的不斷發展和社會分工的進一步細化。

前文已分析宋代税名基本詞，宋代新進入税名基本詞領域的成員主要有"耗"。"耗"即損耗，指的是賦税所征納物資在運輸和儲存過程中的損耗，這種損耗要求納税人承擔，因此變成了一種附加税，但實際上宋代的"耗"更多的是一項苛雜税目，是官府以損耗爲名，行苛征之實。"耗"的名目繁多，典型的有"三七耗"，由於其税額是正米上每斗出耗米三升七合，因此得名"三七耗"（《輯稿·食貨》七〇），此外還有"加耗""脚耗""正耗""倉耗""省耗""官耗""耗剩"等不同名目，可見宋代科斂之重。

通過對《遼史拾遺》《遼史》《金史》等語料的考察，我們發現遼金税制中的税名基本上也由"税""租""錢"構成，遼代的税制多承襲唐五代，如《遼史拾遺》卷一五引《宣府鎮志》曰："契丹統和十八年，詔北地節候頗晚，宜從後唐舊制，大小麥、豆豌，六月十日起征，至九月納足。正税匹帛錢、鞋、地、榷麴錢等，六月二十日起征，十月納足。"可見遼代税制在承襲唐五代正税的基礎上也承襲了一些附加税，上述語例中的"鞋、地、榷麴錢"即"鞋錢""地錢""榷麴錢"。"鞋錢"即五代的一種雜税，《輯稿·食貨》六六載："由唐至於五代，暴政所興，二廣則户計一丁，出錢數百，輸米一碩。江東、西許之釀酒則納麴錢，與之食鹽則輸鹽米，供軍須即有鞋錢。"陳衍德在《試論遼朝的賦税制度》中考證，"鞋錢"乃照畝數納軍鞋若干雙，再依定價折錢，是源於五代的一種税收。"地錢"又稱"地頭錢"，源於唐代，《舊唐書·食貨志》："青苗地頭錢，天下每畝率十五文。以京師煩劇，先加至三十文，自今已後，宜准諸州，每畝十五文。"大概是田賦的附加税。"榷麴錢"應當是對唐代榷麴制度的繼承，是酒類專賣税收，可見遼代税收制度承襲唐五代，稅收名稱的基本詞與唐宋無太大差异，但由於遼代稅制法令不明，征稅隨意性大，故而我們無法全面了解其稅名的構詞情況。

金代稅制承襲宋代，此外金代還有其特有的種種雜稅名，如"牛頭稅""物力錢"。"牛頭稅"指對猛安謀克部女真户征收的田賦，金代征收賦稅不以田畝人口爲單位，而是以牛具爲單位，《金史·食貨志》載："牛頭稅，即牛具稅，猛安謀克部女直①户所輸之稅也。其制每末牛三頭爲一具，限民口二十五受田四頃四畝有奇，歲輸粟大約不過一石，官民占田無過四十具。天會三年，太宗以歲稔，官無儲積無以備饑饉，詔令一末賦粟一石，每謀克別爲一廩貯之。四年，詔内地諸路，每牛一具賦粟五斗，爲定制。""物力錢"則是以田園、屋舍、樹藝、車馬、奴婢以及私藏的貨幣作爲征稅物件的雜稅，《金史·食貨志》："計民田園、邸舍、車乘、牧畜、種植之資，藏鏹之數，征錢有差，謂之物力錢。"金代除"牛頭稅"和"物力錢"之外，還有種種課稅和雜賦，以滿足國家財政收入，如"鋪馬錢""桑皮故紙錢"等：

> 户部見征累年鋪馬錢，亦聽收其半。閏十二月，上以交鈔事，召户部尚書孫鐸、侍郎張複亨，議於内殿。（《金史·食貨志》）

> 上曰："此既就役，複征錢於彼，前雖如此行之，複恐所給錢未必能到本户，是兩不便也。不若止計所役，免租稅及鋪馬錢爲便。其預計實數以聞。若和雇價直亦須裁定也。"（《金史·食貨志》）

> 以鈔法屢變，隨出而隨壞，制紙之桑皮故紙皆取於民，至是又甚艱得，遂令計價，但征寶券、通寶，名曰"桑皮故紙錢"，謂可以免民輸挽之勞，而省工物之費也。（《金史·食貨志》）

> 臣聞國以民爲基，民以財爲本，是以王者必先愛養基本。國家調發，河南爲重，所征稅租率常三倍於舊。今省部計歲收通寶不敷所支，乃於民間科斂桑皮故紙錢七千萬貫以補之。（《金史·高汝礪傳》）

---

① 此處"女直"即女真，女真族唐時服屬於契丹，因避契丹主耶律宗真之諱，嘗改稱"女直"。

遼金稅制承襲唐、五代及宋代，稅名主要由"租""稅""錢"構成，但由於史料缺乏，我們目前無法更加全面地了解遼金稅收名稱的全貌。

### 五、元明清時期的稅名基本詞

元明清時期，隨著賦稅制度的發展，稅名基本詞也發生了一些語義變化。通過對《元典章》《通制條格》《元史》《明實錄》《明史》《清實錄》《清史稿》等相關語料的考察，我們整理出的元明清稅名基本詞使用情況見表2-9、表2-10：

表 2-9

| 時期 | | 基本詞 | | | | |
|---|---|---|---|---|---|---|
| | | 租 | 稅 | 賦 | 役 | 貢 |
| 元 | 泛名 | 稅租、賦租 | 租稅、賦稅 | 稅賦、租賦、財賦、貢賦 | 賦役、稅役 | 貢賦、貢稅 |
| | 專名 | 地租、田租、租米、租糧 | 地稅、丁稅、稅糧、夏稅、秋稅 | 田賦 | 徭役、差役、科役、雜役 | 土貢 |
| 明 | 泛名 | 稅租、賦租 | 租稅、賦稅 | 稅賦、租賦、財賦、貢賦 | 賦役 | 貢賦、貢稅 |
| | 專名 | 田租、地租、租米、租糧 | 鹽稅、礦稅、茶稅、酒稅、牙稅、契稅、苗稅、商稅、米稅、秋稅、鐵稅、香稅 | 田賦 | 徭役、丁役、雜役、差役、鋪役 | 土貢 |
| 清 | 泛名 | 稅租、賦租 | 租稅、正稅 | 租賦 | | 貢賦、貢稅 |
| | 專名 | 田租、地租、租米 | 茶稅、鹽稅、煙酒稅、田房契稅、契稅、雜稅、關稅、落地稅、牙稅、當稅、礦稅、出境稅、入境稅、落地稅 | 地賦 | | 土貢 |

表 2－10

| 時期 | | 語素 | | | | |
|---|---|---|---|---|---|---|
| | | 課 | 錢 | 耗 | 捐 | 其他 |
| 元 | 泛名 | 歲課、課本、課金 | 租錢 | | | |
| | 專名 | 金課、銀課、銅課、鐵課、礬課、硝城課、竹木課、鉛錫課、鹽課、茶課、魚課、酒課、雜課、額外課 | 房地租錢 | 鼠耗、正耗、加耗、折耗、耗糧、糧耗 | | 門攤、科差、包銀、絲料、奉鈔、契本 |
| 明 | 泛名 | 稅課、租課、課利、課銀 | 稅錢 | | | |
| | 專名 | 鹽課、礦課、金課、茶課、漁課、雜課、銅課、魚課 | | | | 里甲、均徭、雜泛、遼餉、勦餉、練餉 |
| 清 | 泛名 | 課稅、賦課、正課 | 稅錢 | | 捐稅、捐輸 | |
| | 專名 | 灶課、蘆課、鹽課、礦課、酒課、金課、漁課、茶課、包課、雜課 | 地丁錢 | 耗羨、火耗、雀鼠耗、鼠耗 | 鋪捐、丁捐、畝捐、船捐、醬園捐、醬捐、糧捐、沙田捐、牙捐、牙厘捐、月捐、船捐、厘捐、房捐、茶捐、軍火捐、米捐、車捐、富捐 | 地丁銀、丁銀、厘金 |

首先看"租""稅""賦"的使用情况。從元代至明清，"租"基本上不用於除農田稅收之外的其他稅目，"賦"已經不用於稅收專名，只用於賦稅的泛指義。"稅"的構詞能力完全保留下來并有所發展，元明清三代專門稅目基本上都可以由"稅"構成，如：

> 元之取民，大率以唐爲法。其取於内郡者，曰丁稅，曰地稅，此仿唐之租庸調也。取於江南者，曰秋稅，曰夏稅，此仿

67

唐之兩稅也。(《元史·食貨志》)

萬曆二年三月丙子朔，戶部覆河南撫按題該省商稅、稅契、路引三項共一萬五千三百一十餘兩，准留補給宗室祿糧。(《明實錄·神宗實錄》)

皇上自以礦稅，裕國愛民，名至懿也。(《明實錄·神宗實錄》)

逮乎末造，加價之法興，於是鹽稅所入與田賦國稅相埒。(《清史稿·食貨志》)

二月甲午朔，王懿德奏夷商來閩販茶，租憑民房久居，藉收茶稅，從之。(《清史稿·文宗紀》)

牙稅已十減其四，醬捐亦一律蠲免。(《清實錄·德宗實錄》)

值得注意的是，晚清甘韓所輯《皇朝經世文編新編續集》卷十二《稅則》中有《法國賦稅考略》一篇介紹法國稅收制度，其中法國稅收名目均以"稅"翻譯，如：

……白糖稅、鹽稅、載貨稅、管理金銀稅、蠟燭稅、油稅、榨藥稅、醋稅、紙稅、紙牌稅、番鹼稅、萬苣稅、水道行船稅、轎稅（此五款近年已免）、烟牌稅、火藥稅、火柴稅、郵政稅、電局稅、德律風稅俱謂之雜項稅，觀於法國稅則繁重，始知國家薄賦輕徭為不可及也。(《皇朝經世文編新編續集·稅則》)

火藥稅始於一千七百九十六年，火柴稅始於一千八百九十六年，烟牌稅則歷年已有至一千七百九十年，而豁免至一千八百一十年，而再征云，法之國債，古時已有，迭經內亂，政府遂因而銷沒之，其刊入今日之國債簿籍者僅三分之一耳。(《皇朝經世文編新編續集·稅則》)

該文中出現的其他如"地稅""屋稅""丁口稅""臺椅什物稅""產業稅""礦務稅""馬車稅""橡樹稅""藥肆稅""打波稅""會館稅""兵稅""割契印契稅""銀紙稅""分拆家產稅"等均為法國稅目，而譯為中文均以"稅"稱，可見"稅"已經處於稅名基本詞的核心地位。

除此之外，"錢"幾乎退出了稅名基本詞領域，不再構成賦稅專名，基本上只與"稅"或"租"構成"稅錢"或"租錢"，泛指稅收征納的錢財，并且"錢"在其中更偏向於表示稅收征納的貨幣形式，整個詞的賦稅含義主要來源於"稅"和"租"。"課"的構詞能力仍然有所發展，元代賦稅專名大多由課構成，如：

> 初，金課之興，自世祖始。（《元史·食貨志》）

> 四年，李珪等包霍丘縣豹子崖銀洞，課銀三十錠，其所得礦，大抵以十分之三輸官。此銀課之興革可考者然也。（《元史·食貨志》）

> 是年二月，命隨路酒課依京師例，每石取一十兩。三月，用右丞盧世榮等言，罷上都醋課，其酒課亦改榷沽之制，令酒戶自具工本，官司拘賣，每石止輸鈔五兩。（《元史·食貨志》）

> 又奏懷孟竹園、江湖魚課，及襄淮屯田事。（《元史·奸臣傳》）

明清時期由"課"構成的專門稅目也比較多，如：

> 中書省計湖廣、廣西、江西、山東、陝西、山西、河南七行省是歲鐵課凡八百五萬六千四百五斤，池州府銅課一十八萬斤。（《明實錄·太祖實錄》）

> 茶法事宜一均茶課，金州西鄉等縣歲辦地畝課茶，俱有定規，邇來園戶代有消長，而官多執滯舊冊，吏或賣富差貧，致園去課存，戶多逃竄。宜定令十年一為清審增減，務令園課相准，一絶私販。（《明實錄·世宗實錄》）

> 緩征浙江錢清、西興、長亭、蘆瀝、橫浦、浦東等場災歉田地應征上年灶課及歷年應帶原緩舊欠，并海沙、鮑郎二場各年原緩舊欠。（《清實錄·德宗實錄》）

> 直隸總督袁世凱奏天津府葦漁課納糧地畝，因受兵災，無力完繳欠課，懇請豁免，以蘇民困。允之。（《清實錄·德宗實錄》）

但是"課"似乎僅限於構成某些專門產業的稅目，如"鹽課""茶課""礦課"等，而在有關商業和交易的稅收領域則不以"課"造詞，如稱"商稅"而不稱"商課",稱"牙稅""契稅"而不稱或極少稱"牙課""契課"等,故而"課"的構詞能力和語義範圍是有限的。

"役"和"耗"由於專指性比較强,構詞能力没有太大發展。勞役稅收作爲我國封建社會長期存在的稅收形式,從上古一直延續至清代。"耗"則本身就是一種苛雜附加稅,由宋代延續至清,如"加耗""火耗""耗羨""雀鼠耗""鼠耗"等:

> 如糧送納到倉,當日即便出給朱鈔,毋得取受分文加耗鈔物,及不得刁蹬留難納户。(《元典章·户部》)
>
> 獄囚有親屬者并食私糧,無親屬者官給每名日支米一升,於雀鼠耗内支破。(《元典章·刑部》)
>
> 各官又例外勸罰,加收火耗及支擎使用等項,故商人坐困,宜爲嚴禁。(《明實録·世宗實録》)
>
> 每斗加鼠耗三合,每年給百户工食米十二石。(《清實録·高宗實録》)
>
> 地丁隨征耗羨,系充公用,不解部,照例輪納。(《清實録·高宗實録》)

清代,隨著稅收制度的變化而出現的新稅名基本詞是"捐",它來源於賑捐制度,清代前期的賑捐大多是一種公益性活動,多由地方鄉紳等發起,主要是以扶危濟困爲目的爲一些慈善事業籌集經費,"捐"本是自願捐助,然而在執行過程中,民間舉辦者往往有時也會借助官府的力量保證民間捐款的順利征收和使用,同時,一些地方官員也會强行攤派公益事業的捐款,有時甚至并不是以公益事業爲名而以其他名目攤派捐款,這種所謂的捐款只是打著自願捐助的旗號,實際上就是一種强行攤派,"捐"也由自願的捐助變成一種似稅非稅的征納。清代前期的賑捐多是臨時性設置的制度外行爲,而到了晚清,這種行爲就以制度的方式得到了政府的許可,咸豐三年(1853)後,隨著晚清政府財力的衰微,加上内憂外患,各地紛紛設立捐局,以捐的名義籌集糧餉,"時内則京捐局,外則甘捐、皖捐、黔捐,設局遍各行省。侵蝕、勒派、私行減折,諸弊并作"(《清史稿·選舉志》)。至此,"捐"成爲事實上的强制征納,并進入稅名基本詞領域,與"稅"組合成"捐稅"一詞,表示各種捐和稅的總稱，"苛捐雜稅"中的"捐"實際上就是一種"稅"。晚清由"捐"構成的專項稅目很多，都是加派的雜稅，如：

> 乙酉，詔酌撤畝捐、釐捐，拊循從征將士家室，撫慰傷亡兵勇子孫。(《清史稿·穆宗本紀》)

> 山東巡撫周馥奏運河試辦工巡營，酌擬營制餉章，并將裁缺廉俸及核減船捐各項，撥充經費，下部知之。(《清實錄·德宗實錄》)

> 兩廣總督張之洞等奏：停止行戶海防捐輸，改抽牙捐充餉，下部知之。(《清實錄·德宗實錄》)

> 據稱該省派收富捐、房捐、牙釐捐及魚肉油酒等捐，并征收沙田捐，小民苦累等語。(《清實錄·德宗實錄》)

> 又奏，征收船捐、醬園捐，以濟要需。均下部知之。(《清實錄·德宗實錄》)

> 他如四川按糧津貼捐，順天直隸、河南、浙江、安徽、湖北各賑捐，戶部廣東軍火捐，福建洋藥、茶捐，雲南米捐，自海防例行，惟川捐如舊，餘或并或罷。(《清史稿·選舉志》)

以上所舉的捐名多見於《清實錄》和《清史稿》，但實際上晚清的捐稅遠遠不止這些，各地方志中所錄的捐名更是多如牛毛，可見晚清的捐稅幾乎可以以任何一種理由攤派，甚至到了北洋軍閥統治時期，各地仍在加征捐稅，時人曾有詩諷刺："自古未聞糞有稅，而今只剩屁無捐。"

## 本章小結

通過對稅名基本詞的共時與歷時考察，我們對中國古代各階段的稅名基本詞使用情況有了一定程度的認識，下面就不同歷史時期稅名基本詞的差异進行比較與總結。

先秦賦稅名稱主要有"貢""藉""助""租""徹""賦""稅"七個，"貢"主要指方國對君主所進獻的物資，由於其特指性較強，語義最早被固定下來，後來的貢獻稅目都用"貢"表示。"藉""助""徹"

產生於井田制基礎之上，"藉"本指藉田禮，后演變爲指強制庶人在公田中進行無償的勞動，相當於一種勞役地租；"助"與"藉"類似，也指在公田或籍田中協作勞動，後來隨著"藉"逐漸演變爲一種強制性的力役征課，"助"自然也成了勞役地租；"徹"指從公社土地中徹取一部分作爲公田，貴族通過強制庶人在公田上耕作來收取租稅。由於上古社會的賦稅制度處於草創期，"藉""助""徹"可以說是正式賦稅的前身，因而其賦稅含義比較特殊，也正因如此，隨著井田制度的消亡，"藉""助""徹"也退出了稅名基本詞領域。"賦""稅""租"在先秦時期的賦稅含義與後世略有不同，并處於變化之中，田賦制度產生之前，"賦"基本上指軍賦，即國家向人民強制征收的用於滿足戰爭需要的勞役和物資，而隨著稅收制度的改革，軍賦的征納方式產生了變化，由按照行政單位繳納變爲直接以田畝爲基準征納，故而"賦"與農田的聯繫更加緊密；"租"本指勞役地租的實物產品，后依然指稱農田稅收；"稅"本指按田畝征納的實物租稅。"賦""稅""租"是產生較早并得以保存的稅名基本詞，後世繼續使用，并成爲稅名基本詞中的典型成員。

兩漢至南北朝時期的稅名基本詞主要有"租""賦""稅""貢""役""錢""調""課"，其中"租""賦""稅""貢"是上古存續的稅名基本詞，"役""錢""調""課"是稅名基本詞領域的新成員。"貢"專指地方向中央的進貢，不用於其他門類的稅名，而"賦""租""稅"的語義在漢代非常相近，三者都既可用於賦稅泛名，又可用於稅收專名。在用於稅收專名時，三者不僅可指稱田稅，還可以指稱其他門類如工商業稅收，可見此時"賦""稅""租"在表意上并沒有明確的分工，這與《輯稿·食貨》中的情況是不同的。漢代以後，"賦"逐漸不用於專門稅名，而"租""稅"的使用情況依然相近。"課"由征調義引申出賦稅義，后用於稅收名稱，在南北朝時期逐漸使用廣泛，但與《輯稿·食貨》中的使用情況不同的是，此時的"課"還不用於稅收專名，多用於賦稅泛名，與"賦"的用法類似。"役"和"錢"表示的是賦稅征納的具體物資類別，用法與語義與《輯稿·食貨》無异。"調"是隨著新的稅收制度的產生而進入稅名基本詞領域的新詞，語義來源於征調，用於賦稅有著特殊的含義，即以户爲單位征收絹綿，在南北朝時期廣泛使用。

隋唐五代的稅名基本詞有"賦""稅""租""役""錢""課""調"

"庸",除"庸"之外的其他成員都是前代延續而來的詞。通過調查,我們發現此時"賦""稅""租""課"開始有了表意的分工,"賦"已經基本上只用於稅名的泛指而不用於專門稅名;"租"逐漸不用於除農業稅目之外的其他門類的稅名;"稅"則幾乎可用於各類稅收名稱;"課"在專指稅名時用多於工商業稅名。此外,"錢""役""調"的用法延續前代,"庸"隨著新稅收制度的產生而進入稅名基本詞領域,它有著固定的含義,指成年丁口每年服役二十日,若不服役則每日須納絹數尺,是一種以勞役或實物繳納的稅收。"庸"和"調"本身就是一種專門的稅收名稱,故而并不用於稅收泛名,并隨著租庸調制的消亡而退出稅名基本詞領域。

宋金時期的稅名基本詞主要有"賦""稅""租""課""錢""役""耗""貢",其中宋代稅名基本詞的使用情況基本由《輯稿·食貨》反映,在《輯稿·食貨》中,"賦""稅""租""課"是稅名基本詞中的典型成員,它們都可用於稅名的泛指,在專指稅名時表意有分工,"賦"用於泛指稅名而基本不用於專指稅名;"稅"用於除勞役和貢獻之外的其他稅名;"租"基本上用於農業稅名,"課"少量用於農業稅名,多數用於工商稅名。此外,"錢""役""耗""貢"是稅名基本詞中的非典型成員,它們的賦稅含義并不獨立,"役"用於勞役稅名并專指稅收的征納形式即勞役稅;"錢"用於除農業、勞役和貢獻稅之外的其他稅名,并專指稅收征納的貨幣形式;"耗"是稅名基本詞中的新成員,專用於附加雜稅,指一種以稅物運輸和儲存中的損耗爲借口加征的雜稅。此外,遼金時期的稅收制度多承襲唐五代,稅名也主要是由"稅""租""錢"構成,但由於史料缺乏且遼金時期的賦稅制度法令不明確,我們目前無法系統地了解遼金稅收名稱的全貌。

元明清稅名基本詞有"賦""租""稅""課""役""錢""耗""捐",其中"賦""租""稅""課"表意分工更爲明確,"賦"除了"田賦"外不用於專指稅名,"租"用於農業稅名,"稅"用於各類稅名,"課"用於工商手工業稅名,同時,"稅"在稅名基本詞中逐漸取得中心地位,外國稅收制度中的各項稅目均以"稅"翻譯。"役""錢"的賦稅義和用法自兩漢至明清均無太大變化,"耗"的語義和用法延續了宋代,"捐"則是隨著稅制的變革而進入稅名基本詞領域的新成員,由自願的捐助發展而來，後指以某種名目攤派的雜稅。由於清代至民國時期政局動盪，稅制混亂，捐稅名目龐雜，"捐"一度在稅名基本詞中占有較爲重要的地位，甚至與"稅"組合成"捐稅"一詞，泛指各種正稅和雜稅。

稅名基本詞中部分成員的消亡與社會經濟制度的發展密切相關，從西周到秦漢，井田制度的消亡導致"助""徹""藉"退出稅名基本詞領域；兩漢時期貨幣逐漸成爲稅收征納的物資之一，"錢"也逐漸進入稅名基本詞領域；魏晉至唐代，"庸""調"隨著租庸調制度的發展而成爲稅名基本詞成員，宋代以後又隨著稅制的變革而退出；宋代的苛捐雜稅導致"耗"成爲稅名基本詞成員之一；清代捐納制度的發展又使得"捐"成爲稅名基本詞中的重要成員。中華人民共和國成立以後，隨著社會制度的巨大變革，稅收制度也發生了重大轉變，"捐""耗"等帶有較強剝削性質的雜稅退出歷史舞台，同時隨著商品經濟的發展，我國現代稅收都以貨幣形式征納，因而"役"也再不表示勞役稅，稅目也不需要特意用"錢"造詞以顯示征納物資的特殊性。

稅名基本詞中某些成員的存續與語義的變化也體現了社會發展的影響，早期的稅名基本詞"稅""租"的語義與用法比較相似，然而隋唐以後，隨著稅收制度的變革與封建租佃制度的發展，二者的表意有了一定的分工，"租"與農業稅的聯繫更爲緊密，"稅"則可用於其他門類的稅目。隨著現代經濟制度中租佃制的消亡，"租"已經不再用於表示賦稅而保留了租賃的含義，"稅"則繼續使用。語言的變化發展遵循著經濟性原則，中國古代"賦""稅""課"都可泛指稅收這一概念，在歷時發展中它們的表意逐漸有了分化，"賦"不再表示專指稅名，"稅"則逐漸用來表示各項具體稅名，"課"出現較晚，來源於征納義，後用於具體名時多表示工商業稅收。進入現代社會，在語言的經濟原則作用下，它們的語義也有所變化，"賦"和"課"已經不再表示稅名，現代漢語中的稅名基本上都由"稅"表示，如"消費稅""增值稅""產業稅""個人所得稅"等，并且與稅收要素相關的概念也多由"稅"構成，如"稅率""稅基""納稅人"等；"賦"只與"稅"構成"賦稅"一詞，泛指稅收，不再單獨指稱賦稅，也不用於其他與稅收相關的概念；"課"亦不單獨用於指稱稅收概念，只與"稅"構成"課稅"一詞，表示征收賦稅，它們的變化體現了語言的經濟性原則。

# 第三章 《宋會要輯稿·食貨》賦稅詞體現的宋代稅收制度

## 第一節 從賦稅詞看宋代商業與城市稅制的發展

語言詞彙的發展反映了經濟和政治制度的變化，《輯稿·食貨》主要反映了宋代的經濟狀況，其中的賦稅詞語更是體現了宋代賦稅制度的演變。我們通過對《輯稿·食貨》賦稅詞語的研究和探索，可以發現宋代經濟發展對賦稅制度的影響。

### 一、賦稅詞體現了宋代商業稅制的發展

陳寅恪曾説："華夏民族之文化，歷數千載之演進，造極於趙宋之世。"[①] 由唐至宋，中國社會發生了巨大的變革，兩宋時期，商品經濟發展迅速，城市文明不斷繁榮，一定程度上又促進了稅收制度的演進，宋代的商業和城市稅收較前代有了新的發展。商業稅收并非有宋始創，早在周代已有針對商業經營者的"關市之賦"，即對商品經營者征收的營業稅[②]，此後的關市之賦有"市賦""市租"之名，如：

> 田租百取五，市賦百取二，關賦百取一。(《管子·幼官》)
> 桓公賜之齊國市租一年，而國不治。(《説苑·尊賢》)

---

① 陳寅恪. 金明館叢稿二編 [M]. 上海：上海古籍出版社，1980.
② 《周禮·天官塚宰》："九賦斂財賄：一曰邦中之賦，二曰四郊之賦，三曰邦甸之賦，四曰家削之賦，五曰邦縣之賦，六曰邦都之賦，七曰關市之賦，八曰山澤之賦，九曰弊餘之賦。"

朝食不足，夕收市賦；暮食不足，朝收市賦。(《韓詩外傳》)

《資治通鑑》記載唐代"以軍興，增商稅爲什一"，説明唐代的確存在針對商人的課稅。《通典·雜稅門》載："其後諸道節度使、觀察使多率稅商賈，以充軍資雜用，或於津濟要路及市肆間交易之處，計錢至一千以上者，皆以分數稅之。"講的就是對商人征收關津稅。"商稅"一詞始見於《舊五代史·唐書》："庚午，租庸使孔謙奏：'諸道綱運客旅，多於私路苟免商稅，請令所在關防嚴加捉搦。'"宋代普遍將商業稅稱爲"商稅"，如：

> 同日，中書、門下言："兩浙漸有複業之人，宜加優恤。其人户蓋屋所運竹木，墾田所帶牛畜，雖已降德音與免沿路商稅抽解，切慮州縣奉行不虔，合行約束。"詔逐路安撫司相度措置，限一月條具奏聞。事小不須待報者，一面施行。(《食貨》一八)

> 七月二十一日，户部侍郎梁汝嘉等言："臣僚言節文：爲國用滋廣，將商稅酒鹽之利令三省措置，送汝嘉等同共看詳講究，條具子細利害申尚書省。"(《食貨》二〇)

> 今欲乞許諸路客人召壯保、出長引，從本州本縣齎帶到金銀前來都下，當官驗號，及元封斤重給付客人從便貨賣。見錢入中鹽鈔，仍免沿路商稅，其沿路不得阻節。(《食貨》二五)

宋代之前種種名目的商稅被籠統地稱爲關市之征，到了宋代才開始有統一的稱謂，并且宋代商品運輸過程中所繳納的稅稱爲"過稅"，對開設店鋪出售貨物的商人所征之稅稱爲"住稅"，如：

> 九年十月，鹽鐵使王明言："西川峽路諸州商稅，自來雜用銅錢，其價不等。請自今比市價，每一貫收住稅三十，過稅二十。"(《食貨》一七)

> 四月二十三日，詔邵伯鎮稅務依舊收納過稅。先是，紹興二十六年七月十七日，有詔：邵伯鎮稅務減收住、過稅，至是複舊。(《食貨》一七)

> 開寶三年四月，詔："河北諸州鹽法，并許通行，量收稅

錢，每斤過稅一文，住賣二文，隱而不稅，悉没官，以其半給捕人充賞。仍於州府城内置場收稅，委本判官（鹽）［監］掌。敢有侵隱，并當削除；能糾告者，本院欄頭、節級即補稅務職掌，百姓即免三年差役，并給賞錢百千。"（《食貨》二三）

四月十九日，宰臣言京西、淮南客販及人户自買耕牛，與免投納牙稅錢，并住稅免三年事。（《食貨》一七）

稅名的統一與固定從側面反映了宋代的商業稅收制度較前代已臻完善。

宋代對城市經商者還征收"門稅"，門稅是對進入城門的商人、百姓及貨物所征的稅，這種征納形式西周時已經存在，西周設司門負責開閉城門及對進入城門的人征收財物，如：

司門掌授管鍵，以啓閉國。幾出入不物者，正其貨賄，凡財物犯禁者舉之，以其財養死政之老與其孤（《周禮·地官司徒》）。鄭玄注曰："正讀爲征。征，稅也。"

這種針對進入城門征收的財物即後世"過稅"的雛形，但與"過稅"又有所不同，它所針對的是進出城市的人口，是街市發展後的產物，這種稅收形式延續到宋代，成爲一項城市稅收，如：

臨安府内外買賣興販金銀、匹帛、雜物之類，除依省則合收門稅外，訪聞稅務將鋪户已賣物色，因所買人漏稅及元未經稅賣下之物，輒於鋪户一例追納罰錢。（《食貨》一八）

又於諸城門增置稅務，其逐處所收課息，并不分隸諸司。是致所在軍期稅務往往增羨，舊務例皆虧欠，其諸城門稅正與軍期酒務事體一同。（《食貨》二〇）

宋代的交易稅制也有一定的發展。交易稅主要是對商品交易活動的參與者課稅，在交易活動中，對交易契約所征的契約稅是重要的稅種。契約稅起源於東晋，當時稱爲"估稅"或"散估"，《晋書·甘卓傳》載："卓外柔内剛，爲政簡惠，善於綏撫，估稅悉除，市無二價。"《隋書·食貨志》載："晋自過江，凡貨賣奴婢馬牛田宅，有文券，率錢一萬，輸估四百入官，賣者三百，買者一百。無文券者，隨物所堪，亦百分收四，名爲散估。歷宋齊梁陳，如此以爲常。"宋代的田宅交易中普遍征收契約稅，《輯稿·食貨》可見宋代契約稅名有"印稅""契稅""印契稅錢""印契錢""稅契錢"等，如：

> 徽宗建中靖國元年三月十四日，户部狀："近據兩浙轉運司申：訪聞民間日前多有典買田宅孳畜船車等私立契書，因爲少得見錢赴官投納印稅，内因循出違條限，避免倍輸，多是收藏白契在私，不曾經官投納稅錢。本司申請省部畫降指揮，許與展限首納，只收一重正稅官錢。所展限内，稍有首稅名件。今來欲乞依逐次已得指揮，自指揮到日爲始。"（《食貨》一七）

> 八年二月，審刑院言："兩浙自天聖元年已前，人户買賣田産，見有契券印稅改割稅賦分明者，其業主却稱是當日卑幼蒙昧，尊長賣過却論認者，官司更不爲理。并依元立契爲主。所有天聖元年已後人户交易，如有論争，并依前後敕條施行。"（《食貨》六一）

> 人户典賣田宅合納牙契稅錢，雖有立定所收則例，昨降指揮，通限一百二十日投納契稅。（《食貨》三五）

> 二十六年十二月二十五日，户部言："人户典賣田宅印契日限，違者斷罪而没其産，皆太重難行，徒長告訴。欲乞并依紹興法，舊限六十日赴縣投稅，再限六十日賫錢赴縣請契，仍自今降指揮到日爲始。所有其餘見行應幹關防投納印契稅錢申明，即與成法不相妨礙，自合依舊遵守照用施行。仍乞檢坐紹興條法遍下諸路監司州軍約束遵守施行，多印文牓鄉村張掛，分明曉諭民間通知。"（《食貨》三五）

> 如添酒賣糟錢出於人之自然，即非抑配，官吏俸錢除頭子錢百分取一，印契錢出於兼并之家，無傷於下户。（《食貨》六四）

> 四年六月九日，發運使、經制兩浙江東路陳亨伯奏："諸路州縣稅契錢多寡不等，欲淮、浙、江、湖、福建七路典賣田宅，契勘每一貫文足，增修錢二十文足，通舊收不得過一百文省。"（《食貨》六一）

此外，宋代契約稅中還有一項重要的稅種"牙契稅"，牙契稅不僅體現了宋代交易稅制的變化，還表明宋代稅收體制出現了新的參與者，這一點將在下一節中專門論述。

## 二、賦稅詞體現了宋代城市稅制的發展

宋代的城市土地稅制也體現了城市文明的發展，城市土地稅主要是針對城市用地所征納的稅，這種征納起源甚早，西周的"廛布"和"園廛"便是後世城市地稅的雛形，如《周禮・地官・司徒》："廛人掌斂市絘布、總布、質布、罰布、廛布。"《周禮・地官・司徒》："國宅無征，園廛二十而一。"此後歷代均有向商人征收用地稅的制度。及至唐五代時期，地稅的征收開始由商業用地延伸到私人用地，但唐代的城市地稅較少。到了宋代，隨著城市的發展和商業規模的擴大，完備的地稅制度逐步形成。在《輯稿・食貨》中，宋代的城市土地稅收中居民私人房地基稅稱為"地基錢"，如：

> 大中祥符元年九月，免夔州地基錢。自改築新城，徙民居之，有輸課者，至是罷焉。（《食貨》一七）

> 十月二十三日，詔："越州城內遺火，延燒民舍屋不少，致貧民無處居止。仰三省行下本州，分委官躬親仔細抄劄，應實曾被火延燒下户，每十人作一保，結罪保明單甲、姓名申尚書省，以憑支錢賑給。應官私地基，許元賃人搭蓋，依舊居住。其合納房錢并地基錢，并與放兩月。"（《食貨》五九）

商業店宅用地稅稱為"賃地錢""地鋪錢""地課錢""白地錢""白地租錢"等，如：

> 六年四月，免普州行鋪賃地錢。（《食貨》一七）

> 五年二月十九日，除果州官邸店本課外地鋪錢。（《食貨》一七）

> 店宅務據賃官地已係浮造舍屋者，令且掠地課錢入官，仍於帳內別項收數。（《食貨》五五）

> 今出賣田地，如內有佃人自造屋宇居住，未能有力承買，

官司量度適中，立定白地租錢，令人户輸納，依舊居住。(《食貨》六一)

除已揭牓曉示軍民，黏連拘籍没官地田桑租花利，及撥隸舊抵當庫息錢、公庫房廊白地錢窠名單子外，仍開具措置廣惠倉已拘籍到户絶租課，并拘籍支給守臣、立功廂禁軍添幫錢窠名。(《食貨》六二)

宋代對城市地税的不同稱呼主要是受地域因素的影響，但也反映出宋代城市地税征收面貌的多樣和複雜，同時由於城市土地利用形態不同而造成的征課税目的分化也是宋代城市文明發展的體現。

## 第二節　從賦税詞看宋代税收制度中的新因素

隨著宋代經濟的發展，宋代税收中出現了新的因素，商品交易的中介"牙人"開始向賦税征納活動延伸，出現了"攬納"和"攬户"；同時，宋代兩税的以税錢立額和以實物折科税錢體現了貨幣對税收的影響，這些在《輯稿·食貨》賦税詞中均有體現。

### 一、宋代税收中介的發展

宋代的田宅、車馬等財産交易中需要繳納牙契税，牙契税也是一種契約税，但這種税收與宋代賦税征納制度的重要參與者"牙人"有著密切的關係。我國古代的商品交易中存在著中介這一角色，交易中介最早由西周的"質人"發展而來，這是商品交換中介人的雛形①，春秋時期將馬匹交易的中介人稱爲"駔"②，秦漢時期又將中介人稱爲"駔儈"

---

① 《周禮·地官司徒》："質人掌成市之貨賄：人民、牛馬、兵器、珍异。凡賣價者質劑焉。"
② 《吕氏春秋·尊師》："段幹木，晉國之大駔也。"

"市儈"等①，及至唐朝，中介人被冠以"牙郎""牙人""牙儈"之名②，《説文·牙部》："牙，壯齒也，象上下相錯之形。"牙人起著連接買方與賣方的作用，兩頭説和，如牙相錯，故以"牙"喻之。宋代商品經濟的發展增加了對牙人的需求，牙人數量大幅度增加，職能也有所變化，在宋代的一些農村集市，農産品交易價格往往由牙人評定，如：

> 九年六月二十一日，詔："三路市舶司：香藥物貨，并諸州軍起到無用臟罰衣物等納訖，牒報編估局官吏，將帶合用行牙人，前去就庫編揀等第、色額訖，差南綱牙人等，同市舶司看估時直價錢。供申尚書金部，符下太府寺，請寺丞一員覆估訖，徑申金部提振郎中應審驗了當，申金部施行。"(《食貨》五六)

并且官方收買貨物也需要經過牙人檢查核實，如：

> 十二月二十六日，謝賜國名牌印及謝襲封章表禮物，令赴左藏庫送納。廣南西路安撫司以章表二函用黄羅絹護封，差人先齎赴行在投進外，方物送經撫庫寄收，唤集牙人估直，細計數目。(《番夷》四)

同時，牙人還承擔交易擔保和定立契約的義務，如：

> 欲[以諸]田宅契投税者，实时当官注籍，给凭由付钱主。限三日勘会业主、邻人、牙保写契人书字圆备无交功，以所典卖项亩、田色、间枯勘验元业税租、免役钱，纽定应割税租分数，令均平取推，收状入案，当日于部内对注开收。(《食貨》六一)

宋代的田産交易中，牙人實際上也承擔了一定的監税責任，在定立買賣契約并讓買賣雙方簽署完成後，牙人需要把契約呈交官府，納税蓋

---

① 《史記·貨殖列傳》："通邑大都酤一歲千釀……佗果菜千鍾，子貸金錢千貫，節駔會。"《漢書·貨殖傳》："子貸金錢千貫，節駔儈。"《淮南子·氾論訓》："段幹木，晉國之大駔也。"許慎注："駔，市儈也。言魏國之大儈也。"

② 《舊唐書·食貨志》："自今已後，有因交關用欠陌錢者，宜但令本行頭及居停主人牙人等檢察送官。"《舊唐書·安禄山傳》："(安禄山)及長，解六蕃語，爲互市牙郎。"《新唐書·竇群傳》："嘗買婢遷約，爲牙儈搜索陵突，御史劾舉，逢吉庇之，事不窮治。"

81

印，即"投税印契"：

> 以户部尚書曾懷言："人户典賣田宅，自有投税印契日限，違限許人告，依匿税法斷罪，追没給賞。昨來四川立限許人首納，拘收到錢數百萬貫，并婺州一州得錢三十餘萬貫，其他諸路州縣視爲常事，恬不加意，是致首納不盡，兼循習舊例并不依限投税。"（《食貨》七〇）

由牙人參與交割官府的契約即牙契，政府對此進行的抽税就是牙税，在《輯稿·食貨》中又被稱爲"牙税""牙税錢""牙契錢""牙契税錢"，如：

> 臣尚慮狡猾之輩別啓情倖，於名下田園揀選肥濃税輕者請買，却退瘠地，別致虧官。已牒福州，并須全業收買，依限三年納錢，不收牙税。（《食貨》六三）

> 每季開具通印給過道數、諸郡各該若干某字號至某字號、賣過若干係某字號至某字號，計交易錢若干、合收牙税錢若干、未賣若干係某字號至某字號，開具牒報本路轉運司，委官一員驅考施行。（《食貨》三五）

> 典賣田宅合納牙契税錢，雖有立定所收則例，昨降指揮，通限一百二十日投納契税，可依紹興十年六月二十七日指揮，限一百八十日。其人户典賣舟船、驢馬合納牙契税錢，各有立定所收錢數立契，并限三十日印契。訪聞諸路州軍往往并不曾投納契税，所有人户典賣田宅、船、馬、驢、騾合納牙契税錢，昨降指揮專委諸州通判印造契紙，以千字文號置簿送諸縣出賣。（《食貨》七〇）

> 如州用一半牙契錢、買銀收回頭子錢、官户不減半役錢、減下水脚錢之類，幾一百萬，則又乾道間權宜創置者也。（《食貨》五六）

不僅如此，隨著牙人群體的不斷擴大，中介活動延伸到社會的各個領域，一部分牙人直接參與賦税的征納過程，從事賦税"攬納"活動的"攬户"便産生了。攬户在賦税征納活動中的作用是立足宋代兩税征納程序之上的，兩税的征納實行的是"四鈔"制度，即"户鈔""縣鈔"

"監鈔""住鈔",如:

> 賦稅之輸,止憑鈔旁爲信,穀以升,帛以尺,錢自一文以往,必具四鈔,受納官親用團印。曰户鈔則付人户收執,曰縣鈔則關縣司銷籍,曰監鈔則納監官掌之,曰住鈔則倉庫藏之,所以防偽冒,備去失,而互相照,此良法也。(《食貨》七〇)

户鈔是由民户持有的待加蓋完税朱印的單據,縣鈔是由收納税務倉庫送往縣内注銷簿籍的鈔據,監鈔是由監司監督納税官收掌以備賦税稽查的憑據,住鈔是送達收納税務倉庫保管以登記出納情況的收據,持鈔納税,憑鈔銷簿,民户的納税活動才最終完成。四鈔"每副四紙,價錢四文足"(《食貨》七〇),相當於四聯單,需要向政府請買,攬户在賦税征納中首先參與的環節就是代替民户請買户鈔,由於某些地方路途遥遠,民户納税不便,攬户買得户鈔後便高價售與當地民户,再將民户應納之税兜攬入己,替民户輸送至州縣倉儲税場,統一繳納完成後由縣官鈐蓋朱印,銷簿完納,攬納活動就此完成。在《輯稿·食貨》中,有關攬納活動的詞隨處可見,如:

> 其輸丁者,客户而已。每丁所輸,或二尺,或四尺,固已不同,而官司受納,則以匹計,故攬納者得以邀其利,倍取其直,然後湊匹賤買以輸之。(《食貨》一二)

> 逐路轉運司約束州縣,須趁時收糴,即不得低價科敷,及容縱攬納人搔擾作弊。(《食貨》四〇)

> 州縣倉庫受納、糴買,國用所繫。永静軍縱令攬納粗惡税斛八萬餘碩,略行估剥,虧官錢三萬緡,却於攬納户處賤糴黄米入公使庫,償以淡酒,又令納倉獻送遺利錢數百緡,複以酒持送倉官,雖知州但以不知情贖金,而粗惡損折之物無緣償足。竊慮此類尚多。欲乞應總領財用、監司巡歷所至,檢察違戾者奏劾。(《食貨》六二)

> 每丁所輸,或二尺或四尺,固已不同,而官司受納,則以匹計,故攬納者得以邀其利,倍取其直,然後湊匹賤買以輸之。(《食貨》六六)

牙人和攬户使宋代賦税征納活動出現了新的因素,是宋代賦税制度中一個值得注意的變化，牙人的中介行爲由商業行爲延伸至納稅過程，從側面反映了宋代交易活動中的契約觀念由商業領域向政治領域的引進，體現了宋代商業繁榮對社會制度的影響。

## 二、貨幣對宋代賦稅征納的影響

兩宋時期商品經濟不斷發展，南北物資交流和商業活動頻繁，貨幣流通量逐漸增大，使得稅收制度有了新的變化，主要體現在田賦的立額和折科上。

唐代的兩稅法包括户稅和地稅兩部分，其中户稅"据旧征税数及人户土客定等第钱数多少"是以錢定額，地稅"應科斛斗，請據大歷十四年見佃青苗地額均稅"是以實物定額。到了宋代，地稅的立額已經不限於糧米形式，出現了以稅錢立額和以實物立額并存的現象，在《輯稿·食貨》中，"稅錢"一詞在田賦征納活動中多有出現，如：

> 徽州山多地瘠，所產微薄。自偽唐陶雅將歙縣、績溪、休寧、祈門、黟縣田園分作三等，增起稅額，上等每畝至稅錢二百文、苗米二斗二升。爲輸納不前，却將納絹綿布虛增高價，紐折稅錢，謂之元估八折。惟婺源一縣不曾增添，每畝不過四十文。乞將二稅依鄰近州縣及本州婺源縣則例輸納。（《食貨》九）

> 天下郡縣所定板籍，隨其風俗，或以稅錢貫伯，或以地之頃畝，或以家之積錢，或以田之受種，立爲五等。就其五等而言，頗有不均。蓋有以稅錢一貫，或以田一頃，或積錢一千貫，或受種一十碩，爲第一等，而稅錢至於十貫者，占田至於十頃，積錢至於萬貫，受種至於百碩，亦爲第一等。（《食貨》一三）

> 十月，江南轉運司言："鄂州舊例，鹽米出門，皆收稅錢。"詔自今民販鬻斛斗及買官鹽出門，并免收稅。（《食貨》一七）

馬克思認爲："商品生產發展到相當的高度和範圍以後，貨幣充作支付手段的機能，會擴展到商品流通的領域外，它成了契約上的一般商品。"① 田賦由唐代的以實物定額，到宋代的以稅錢定額，不僅僅是稅收政策的改變，更是商品生產發展的影響。

然而在兩宋的政治環境和生產力背景之下，全部實施貨幣稅是不可能的，貨幣的存在量有限，於是將錢額折算成實物的征納方式便產生了，這就是兩宋的折納。折納并非宋代始創，《漢書・昭帝紀》"其令以菽粟當今年賦"，就是以口賦折爲實物的先例，此時的折納只是偶爾爲之，并未成爲固定制度。這種方式延續至唐代，《唐令拾遺・賦役令》："其調麻，每年支料有餘，折一斤輸粟一斗，與租同受。其江南諸州租，并回造納布。"唐代的折征多據時價，這與宋代有所不同，兩宋時期稅錢的折納一般有著固定的折算比價和稅務種類，這種制度化的折變，宋人稱爲"折納""折科""折變""折科""折納""科折""折科""紐計""紐折"等，在《輯稿・食貨》中，這種征納方式普遍存在：

大名縣政和八年秋稅雜草錢，初令民戶折納小豆，民苦秋災無豆，乞納白米，揭榜從之。(《食貨》九)

應四川管內州、府、軍、縣今後所納兩稅錢折科匹帛，并依逐州在市每月三旬時估價例。(《食貨》七○)

徽宗崇寧五年七月二十九日，户部言："乞將成都府路人户稅錢折納絲綿，依舊免納官耗。"從之。(《食貨》七○)

徽州山多地瘠，所產微薄。自爲唐陶雅將歙縣績溪、休寧、祁門、黟縣田園分作三等增起稅額，上等每畝至稅錢二百文、苗米二斗二升，爲輸納不前，却將紬、絹、綿布虛增高價，紐折稅錢，謂之元估八折。惟婺源一縣不曾增添，每畝不過四十文。(《食貨》七○)

咸平三年，始令州軍以稅錢、物力科折帛絹，而於夏科輸之，此夏折帛之所從始也。(《食貨》六四)

浙西提刑司稽考到常州晉陵縣人户夏稅紬絹，除元額管催外，崇寧中，轉運司分抛到人户合納蠶鹽錢，紐成三千一百六十匹四赤送納，并將人户雜錢紐計綿子七千三百三十七兩輸

---

① 苟仁金，羅雪松. 實物稅向貨幣稅過渡的橋梁——折色[J]. 草原稅務，1997 (6).

納。(《食貨》七〇)

賦稅的折納形成一項固定的制度一直延續到清末民初，這一方面體現了在長期的封建制度下，生產力水平發展有限，商品經濟發展遲緩；但另一方面也表明折納制實際上是稅收形式由實物征納向貨幣征納的過渡，并爲稅收形式的最終轉化搭建了橋梁。

## 第三節　從賦稅詞看宋代稅收制度的雙面性

宋代賦稅制度具有雙面性，一方面體現在緩征減免制度上，《輯稿·食貨》有較多的關於賦稅緩征與減免的詞，體現了宋代有著較爲完善的賦稅減免與緩征制度；另一方面，儘管有著緩征減免制度，宋代官府對百姓的剥削仍然十分嚴苛和殘酷。對此，我們可從《輯稿·食貨》中的大量附加苛雜稅目以及征納方式中窺之。

### 一、賦稅詞體現的緩征減免制度

減免百姓賦役的制度古已有之，馬端臨《文獻通考》記載："漢以來始有蠲貸之事。"實際上賦稅蠲免制度的存在遠遠早於漢代，如《周禮·地官·大司徒》："以荒政十有二聚萬民：一曰散利，二曰薄征，三曰緩刑，四曰弛力，五曰舍禁，六曰去幾，七曰眚禮，八曰殺哀，九曰蕃樂，十曰多昏，十有一曰索鬼神，十有二曰除盜賊。"其中"薄征"便是減少賦稅征收的制度，并且"國中自七尺以及六十，野自六尺以及六十有五，皆征之。其舍者，國中貴者、賢者、能者、服公事者、老者、疾者、皆舍"，記載的便是針對力役的減免。

北宋立國後，統治者有鑒於前朝，故而采取了多種措施減免賦役，收攏民心。我們可以看到《輯稿·食貨》中有不少關於減免賦稅的詞語，其中包括表示免除賦稅的詞和表示緩征賦稅的詞，如：

免除賦稅類：免、放、蠲除、蠲放、蠲免、蠲閣、開閣、檢放、除放、除豁、放免、免稅、免放、給復。

緩征賦稅類：展免、展閣、展限。

北宋減免賦稅的原因很多，一般有災害減免、戰爭減免、墾荒減免、寬赦減免、逃荒減免及其他原因的減免等，如：

災害減免：對受災地區進行稅收減免。

十一月十四日，詳定一司敕令所修立下條："諸災傷路分，安撫司體量措置，轉運司檢放展閣，軍糧闕乏，聽以省計通融應副。常平司糶給借貸，提刑司覺察妄濫。如或違戾，許互相按舉，仍各具已行事件申尚書省。諸災傷路分帥臣監司申到已行措置檢放糶給覺察事件，并歲終考察修廢以聞。"從之。（《食貨》一）

十二月十二日，臣僚言："江東西路頻年災傷，民戶逃移至多。今歲圩田遭水，山田遭旱，朝廷寬恤，放免秋苗，展閣夏稅，至今圩岸猶未修築，流民未盡復業。"（《食貨》一〇）

三年三月，詔："戎、瀘州民艱食者，賑之，仍給復一年。"（《食貨》五八）

詔嚴州將被水漂壞屋宇第四等以下戶夏稅并與倚閣，其身丁錢、絹更與蠲免。（《食貨》五八）

仍行下轉運司，差官覈實被水鄉分，將今年夏稅、秋苗特與蠲放。其田地有打成溪港，或沙石游塞不堪開修者，保明具申，將合納苗稅特與蠲閣施行。（《食貨》五八）

六月一日，詔："江陰軍緣累年災傷，除放稅已減放外，其夏稅，并依乾道元年數目特與除放。"（《食貨》六三）

畿縣夏旱，甚者十分，其次不減七分，已節次檢放。今秋農有望，而民力未充，其殘欠租稅，乞賜倚閣。（《食貨》六八）

戰爭減免：對遭受戰爭的地區進行戰後稅收減免。

應因戰守及差使被賊殺虜者，特予免本家二年支移折變。應諸路人戶見欠稅租，并倚閣、展閣稅賦及緣納錢物，并予除放。（《食貨》六三）

應曾經金人或群寇踩踐人戶，見欠建炎元年夏秋稅租并予除放。應欠負官物元非侵欺盜用者，及雖係侵盜而本家并幹繫保人內無抵當財產者，并令本屬於赦到一月內，保明申轉運、提刑司，本司亦限一月保明聞奏，當議并與除放。(《食貨》六三)

墾荒減免：對墾荒地區實行的稅收減免。

又四川州縣地狹人稠，欲令制置司行下逐路轉運司，多出文榜曉諭，如願往京西請佃開墾官田，即時給據津發前去，其放免租課等，并准此施行。(《食貨》一)

契勘京西州軍係累經殘破，荒田至多，委是開墾倍費他州。欲下本路轉運司，將管下荒閑田土自請佃後，與放免二年租課。(《食貨》六一)

近年以來，天災相繼，民多轉徙，田卒污萊。雖招誘甚勤，而逋逃未複。宜申勸課之旨，更示蠲複之恩。應諸州管內曠土，并許民請佃，便為永業。仍免三年租調，三年外，輸稅十之三。(《食貨》六三)

逃走弓箭手并營田地土，昨多方設法召人請佃，今來認租課，乞許就近於本城寨送納，特與蠲免支移折變。(《食貨》六三)

寬赦減免：由於特殊的寬宥政策而進行的賦稅減免。

臨安府諸縣人戶拖欠下租稅等物，依去年明堂赦令合行倚閣者，并特予放免。如官吏日後複行催納者，當依沮格詔令科罪。(《食貨》六三)

應新複州縣百姓，各安鄉井，并特予放免苗稅三年、差徭五年。(《食貨》六三)

十年閏六月十五日，詔順昌府民間租稅，先降赦已放三年，更予放免二年。(《食貨》六三)

本州民戶有稅草添收腳錢，并川路有米估腳錢，欲望并賜除放。(《食貨》六三)

管下公安、石首縣、建寧鎮三處稅場，已行減罷，兼自凋瘵以後，民力未復，除豁經制總制錢四千六百九十六貫七百五

十七文。(《食貨》三五)

逃荒減免：宋代針對逃荒田土的減免賦稅制度稱爲"開閣"，一些田土因當地人户逃避賦役、流亡外籍而無法耕種，政府無法正常征稅，故而實行一定的減免稅收政策來減少人户的逃移，便稱爲"開閣"，如：

> 十三日，知梧州任詔言："廣西州縣例皆荒瘠之所，民户貧薄，了辦稅賦不前，拋棄田業者不少，往往未曾倚閣，督責催理，累及四鄰及承催保長等，逃亡愈多。臣今欲乞朝廷特降指揮，許令諸州徑行根括逃絶田畝，倚閣稅租。乞申所屬監司，監司委官覆實，申户部除豁。"於是户部言："欲下詔諸路監司、州、軍，依所乞事理施行。如有逃亡，合開閣減免租稅，州縣依舊勒令鄰保陪填代輸，并依見行條法施行，仍從監司覺察。如有違戾，亦仰從本司按劾施行。"(《食貨》七〇)

> 州郡上供常賦，各有定額。自建炎之後，州縣田土間有拋荒去處，合納二税遞年有開閣數目，蓋是一時權住拘催。(《食貨》七〇)

> 被旨催納湖、秀州、平江府上供米斛。據平江府具到今年苗米三十萬餘石，内逃田開閣四萬三千餘石，災傷減放八萬二千餘石。(《食貨》六一)

> 今州縣一有開閣逃田及檢放災傷去處，則監司便指官吏作弊，欲寘於法。臣已取會常州鎮江府所會災傷，與平江府分數一同，其開閣逃田，亦係已經於去年開閣數目。(《食貨》六一)

此外，宋代有著詳備的賦稅緩征體系，各類賦稅的征納都有不同的規定期限，如夏稅的征納有"省限"：

> 孝宗乾道元年正月一日，南郊赦："應夏秋二稅催科，自有省限，州縣官吏多不遵奉條法，受納之際，多端作弊，倍加門面，非理退換，縱容專門揀子計會乞取，方行了納。或先期預借，重重催理，不與除豁。既已納足，阻節銷鈔之類，甚爲民害。仰守令嚴切覺察，如有違戾，仰監司按劾申奏，重行黜責。仍許人户越訴。"(《食貨》九)

十月二十八日，尚書省言："諸路州軍見在常平、義倉米數，竊慮日久，因而陳損。"詔令戶部行下逐路常平司，將見樁管米先次支遣，却將今年收到秋苗依數撥還，候省限滿，樁管數足，申尚書省，差官前去點檢盤量。（《食貨》六二）

當納稅個體的正常納稅能力不足以完成稅收繳納時，政府就會採取相應的措施來應對，通常有推遲限期、暫停催稅和延長征收等辦法。推遲限期即"展限"，展限推遲的是賦稅完納的時間，如：

　　竊慮民戶窘乏，未能一併出辦，理宜寬恤。仰逐路常平司自限滿日，更與展限二年。（《食貨》六五）

　　四年六月十八日，資政殿學士、知陳州胡宗愈言："本州霖雨相繼，河流泛漲，今年夏稅遞展限一月。"從之。（《食貨》六八）

　　自建炎四年迨今已三年，然陷虜之民豈不願歸？顧力未能脫。欲望更展限二三年以俟之。（《食貨》六九）

此外，"展閣"和"展免"也表示推遲賦稅的完納，如：

　　十一月十四日，詳定一司敕令所修立下條："諸災傷路分，安撫司體量措置，轉運司檢放展閣，軍糧闕乏，聽以省計通融應副。常平司糶給借貸，提刑司覺察妄濫。如或違戾，許互相按舉，仍各具已行事件申尚書省。諸災傷路分帥臣監司申到已行措置檢放糶給覺察事件，并歲終考察修廢以聞。"從之。（《食貨》一）

　　光堯皇帝建炎元年五月一日，赦："應因戰守及差使被賊殺虜者，特予免本家二年支移折變。應諸路人戶見欠稅租，并倚閣、展閣稅賦及緣納錢物，并予除放。昨經大元帥府駐軍及一月以上去處，應辦軍馬極爲勞費，又應天府係興王之地，理宜優異，今年夏稅并特放免。又訪聞自來赦書所放逋欠，轉運使及州縣迫於調度，依舊催納，至民間有'黃紙放，白紙催'之語，甚失朝廷寬恤之意。今來大恩，與常赦不同，兼務節用，可以裕民。如監司、州縣輒敢故違，巧作名色，依舊催科，仰被科人戶越訴，其官吏當議重行貶竄。"（《食貨》二〇）

## 第三章 《宋會要輯稿・食貨》賦稅詞體現的宋代稅收制度

> 同日，赦："已降指揮，淮南州軍乾道三年合起上供分隸等錢物，并已立定分數展免。訪聞州縣尚於民户名下仍舊科敷。所有已到官錢物，并與理將來名下合納稅賦，其未納到錢物，并予除放。"（《食貨》六三）

> 二十七日，户部言："廬州收諸司并經制有額無額上供錢物，及激賞、頭子等錢，除已降指揮予免年限外，乞更予展免一年。"從之。（《食貨》六三）

> 八月十九日，三省言，知和州劉將乞展免本州夏稅一年。上宣諭輔臣曰："朕常謂言事與行事不同，若行事，便有寔利及人，如此等事也。"秦檜奏曰："儒者所陳王道，不過愛民而已。"（《食貨》六三）

"住催"即暫停對租稅的催征，如：

> 十二年二月二十七日，詔令廣南東、西路安撫、轉運司取見寔經盜賊殘［破］去處，特予蠲免今年夏、秋二稅。應已前拖欠稅租，并權住催。（《食貨》六三）

> 十二月四日，詔江浙、兩淮旱傷州縣，將第四、第五等户今年以前應殘欠苗稅、丁錢并特住催，及官私債負理還。（《食貨》五八）

> 所有兩縣人户合納夏稅、和買役錢及以前年分積欠官物，乞自第三等以下，且令住催，候將來豐熟日送納。（《食貨》五八）

"倚閣"意爲暫停、擱置，倚閣制度是推遲賦稅的起征時間，一旦超出了規定的倚閣時間要求，即要進行征收。如：

> 河北東、西路被災，經放稅户雖不及五分，所欠借貸錢、斛并抵當牛錢等倚閣，候豐熟日分，計料輸；其非被災放稅户所欠錢、斛，視此。（《食貨》五七）

> 十二月十六日，詔："秦、鳳、階、成州災傷人户，稅賦已權行倚閣，候至豐歲催理，疾速施行。"（《食貨》五九）

> 神宗熙寧二年七月五日，御史錢顗言："陳汝義任京東轉運使日，以羨餘貢奉爲名，官吏希望風旨，尚行暴斂。如去年

勸誘糧斛入官，以備河北流民，而多不支散。齊州科配義倉，取數太多。曹、濟州諸縣又令耆長代納，民何以堪？乞下京東路除二稅外，權倚閣諸逋欠，以俟豐年。"（《食貨》六二）

二年正月二十一日，詔："臨安府諸縣人户拖欠下租稅等物，依去年明堂赦令合行倚閣者，并特予放免。如官吏日後復行催納者，當依沮格詔令科罪。"（《食貨》六三）

從上述史例中可以看出，展限、住摧、倚閣、展閣、展免的內涵并不是截然區分的，其語義有交叉重疊之處，這是由於宋代賦稅雖然有緩征制度，但是缺乏嚴格統一的標準，政策隨著統治者的意志而變化，體現了一定的隨意性，這實際上也對宋代賦稅緩征制度的實施效果帶來了不利影響。

## 二、賦稅詞體現的苛嚴剝削

儘管兩宋有著較爲完備的賦稅緩征減免制度，但不可否認的是，宋代的賦稅仍然是極其繁重的。《輯稿·食貨》中出現的大量苛雜稅名說明了兩宋統治者對百姓的剝削非常嚴苛，其中比較典型的附加雜稅有"頭子錢""市例錢""勘合錢""經總制錢"等。

"頭子錢"是官府按一定比例在正稅外抽取一部分的稅錢。宋代汪應辰《論勘合錢比舊增重疏》載："人户輸納官物，以錢陌取之者，曰頭子錢……頭子錢，本起於除陌錢，蓋唐五代不得已之政，本朝因循未能盡革。"① 似爲宋襲前朝之政。頭子錢在兩稅、商稅、契稅中都有，如：

> 本部近驅磨出臨安府乾道五年商稅帳內有失收三五分稅錢併虧額錢及少收頭子錢共四十一萬二千七百餘貫，（令）[今]欲分作二年，令臨安府并通判廳自乾道七年夏季爲始，令項起發。（《食貨》十八）

> 契勘人户典賣田宅合納牙稅契紙本錢、勘合朱墨頭子錢。

---

① 汪應辰. 文定集[M]. 上海：學林出版社，2009.

(《食貨》三五）

九月，詔京東、河北諸州民以大小麥折納預請和市絹錢，宜免其倉耗及頭子錢。（《食貨》三七）

"市例錢"又稱"市利錢""事例錢"，原本是商稅的附加稅，據宋代鄭俠《西塘先生文集·市例錢》記載，當時市易司拘攔商旅收納稅錢，"官稅一百，專欄等合得市例錢，官中遂以爲定例，每納稅錢一百文，別取客人事例錢六文以給專欄等食錢"[①]。南宋時兩稅也開始收納市例錢，大概是以貼補受納胥吏爲借口所加征，如：

> 照得本軍龍安園户除納二稅市例錢外，又催理茶課估錢，係於元豐間未立額日先有此茶課，每歲理一十五萬四千五百一十九斤，每斤估錢六文，在縣隨二稅送納。（《食貨》三一）

> 秤子、庫子，每月料錢八貫文、每日食錢一百八十文。其錢，除本場已收頭子錢外，每貫更收市例錢五文足，相兼充吏禄。（《食貨》五四）

> 支移、折變不遵條約，已納更追，重爲煩擾。自其額外之多取也，人户每鈔既收勘合、朱墨、頭子等錢矣，復收市例錢，爲受納官分取之需。（《食貨》七〇）

"勘合錢"全稱爲"勘合朱墨錢"，"朱墨"指鈐蓋官印和書寫稅鈔所用墨印，而"勘合"本指勘合驗對時所用的符契，古時符契文書上蓋印信，分爲兩半，當事雙方各執一半，憑此驗對騎縫印信，以爲契約憑證，宋制人户繳納兩稅時以稅鈔爲憑，即納稅憑據，這種稅鈔相當於四聯單，人户完納稅收後由官府鈐蓋朱印，一份由人户持有，其他三份分別由相應的稅收管理部門收納，作爲檢驗憑證，這種鈔據有類似契約的性質，因而也叫"勘合"，稅鈔由納稅人向官府購買，在購買稅鈔時不僅要支付稅鈔的費用，還要支付所謂息錢，這種息錢實際上就是一種變相征取的雜稅，亦即《輯稿·食貨》中的"勘合錢"和"勘合朱墨錢"，如：

> 乾道以後，大臣當國者皆以理財爲務，如鹽袋錢、頭子勘

---

① 鄭俠. 西塘先生文集［M］. 上海：上海古籍出版社，1965.

合錢、官户減半役錢，又復增取者七八百萬緡，可謂重矣。（《食貨》二八）

欽宗靖康元年正月十七日，詔罷鈔旁定帖錢，令歸常平司。自是民間輸納任便。書鈔納合同錢後改爲勘合錢。（《食貨》三五）

近詔人户典賣定帖錢，依自來體例施行，改作勘合錢收納，每季作無額上供錢起赴行在。緣本路州縣有曾被兵火去處，皆有案籍可以照得舊來收納則例，自今多以省記立數，有收三十文或一十文去處，并各多寡不同。於是户部言："乞將人户典賣田業計價，每貫收納得產人勘合錢一十文足。"（《食貨》三五）

五月三日，詔湖［州］乾道六年秋苗上收經、總制頭子錢、勘合朱墨錢七千八百餘貫，特予除放。（《食貨》六三）

乾道二年九月二十四日，上封事言："人户二稅，每鈔收勘合朱墨錢三十文足，不成貫石疋兩減半。竊詳不成貫石疋兩，皆是下户畸零之數，而上户所納，自一貫石疋兩以上至數十百貫石疋兩，一鈔亦只納三十文足，多寡不均。及送納人户多是隱瞞官司，只作一大户投鈔，洎至送納了當，臨時旋行填寫抱納人户姓名，遂致走失勘合錢數。今相度：欲將每貫石疋兩以上隨數減作二十文足紐納。其下户錢不成百，米麥不成斗，紬絹不成疋，絲綿不成兩，并免收納。"從之。（《食貨》七〇）

從上舉語例中我們還可以看到另一種與勘合錢類似的稅名，即"鈔旁定貼錢"，又稱"鈔旁錢"，這是一種和勘合錢實質相同的稅目，宋代的官府文書多稱爲"旁"，分爲兩種，一種是文旁，是官吏領取俸祿的憑單，另一種就是鈔旁，是納稅單據，也就是之前提到的稅鈔。"鈔旁定帖"中的"定帖"指的是人户在典買牛畜、田宅等財產時簽訂的契約，宋徽宗崇寧三年（1104）規定："諸縣典賣牛畜契書并稅租鈔旁等印賣田宅契書，并從官司印賣。除紙、筆、墨、工費用外，量收息錢，助贍學用，其收息不得過一倍。"（《輯稿·食貨》七〇）亦即規定人户納稅的稅鈔和交易的契紙都要從官府購買，購買時還要加收息錢，因此所謂"鈔旁定貼錢"和"勘合朱墨錢"實際上是一稅二名,時而名稱相互變更,但本質上差异不大,都是變相的雜征之稅,而并不是交易稅或契約稅。《輯稿·食貨》中關於鈔旁定帖錢或鈔旁錢的記載還有:

> 諸路所收鈔旁定帖錢,除兩浙路隸應奉司外,餘路自合并逐州委通判管幹拘收,撥與發運司充糴本。(《食貨》七〇)
>
> 淮南、江東、西、湖南、北路收到鈔旁錢,依宣和二年七月十三日朝旨,令發運司撥充糴本,歲終具帳申尚書省。(《食貨》七〇)

這種稅後來還被稱爲"合同印記錢",與"勘合錢朱墨錢"和"鈔旁定貼錢"無异,如:

> 今欲更不印賣,止令人户從便自寫鈔旁納官,置單名曆用合同印記,令人户量納合同印記錢,以杜絕阻節之弊。(《食貨》三五)
>
> 諸路鈔旁定帖依宣和七年四月二十八日指揮,令人户自寫輸納,依舊納合同印記錢,仍專委逐路提刑司拘收樁管,不得擅行支用,每季具數申尚書省。(《食貨》三五)

"經總制錢"首創於北宋宣和年間,最早名爲"經制錢",北宋陳遘以發運使兼經制使督理東南七路的財賦,加征賣酒、典賣田宅的牙稅,常賦外的頭子錢,以及其他項目的稅金,稱經制錢,其後翁彥國爲總制使,效其法別立名目征稅,稱總制錢。經總制錢雖然是一項稅目,但并不獨立征課,而是對若干舊稅每一筆都征納少許,最後歸爲一目。同時它也不是一種直接的征課,而是在某幾項稅目的原有稅額基礎上加征一部分,如商稅、牙稅、頭子錢、鈔旁定貼錢等,是一種間接的課稅。經總制錢於靖康初年一度廢止,之後於建炎二年(1128)恢復,到南宋時期成爲政府的一項重要稅收,經總制錢最初沒有定額,一般是各地根據朝廷確定的窠名征納,後於紹興三十年(1160)十一月"將紹興十九年以後十年內經總制錢取酌中一年之數立爲定額"(《輯稿·食貨》六四)。此後各地利用經總制錢的名目增創窠名收稅的情況很多,故而實際上成爲一種數量不小的苛雜稅目,如:

人户合給牙契稅錢，每交易一十貫，納正稅錢一貫，除六百七十五文充<u>經總制錢</u>外，其三百二十五文充本州之數。（《食貨》三五）

諸路州軍所收無額錢物，昨窠名繁多，州郡得以侵欺，〔并〕令提刑司具帳催督起發，以革侵用。近緣軍興，諸路供申帳狀多不依限。繼承指揮，添酒錢五項依舊作<u>經制錢</u>拘收，亦〔係〕無額，名色相同，從來帳限不一，作兩色供報，州縣得以侵欺。（《食貨》六四）

除此之外，"力勝錢""力勝稅錢"的征納也體現了宋代賦稅制度的剝削性。"力勝"即船舶的承載能力，在宋代，沿河稅務對於商船按照其承載能力征收稅錢，如：

九月二十二日，東京留守兼開封尹杜充言："京城物斛湧貴，客販鹽米，多被沿河口岸邀難，大納<u>力勝稅錢</u>。乞令客人於裝發州縣官司具數自陳，出給公據收執，并與免沿河口岸<u>力勝稅錢</u>。候到京城，將公據付都商稅院繳納。如官司輒敢阻節，并聽於鄰近官司陳訴。"（《食貨》一七）

八年十月二十三日，詔："外路客人興販斛斗願入京糶貨者，應合收<u>力勝稅錢</u>，并權免納。"（《食貨》一七）

五年二月，詔："自今客人於蘄口、太湖、石橋、洗馬等四處場務筭買諸色號茶貨，如到泗州，願取淮河前去入正陽鎮、（穎）〔潁〕州、陳州舊路上京者，聽從便，（今）〔令〕依例送納舊路商稅。如願借汴河路上京者，令只納舊路稅錢。從汴上京，更不令依宿、亳州、南京三處稅則例送納。隨船行貨物色、<u>力勝</u>、頭子、并角等錢，即逐處依例收納。"如願借汴河路上京者，令只納舊路稅錢。（《食貨》一七）

斯波義信認爲，這種力勝稅可以理解爲港灣停泊之際作爲使用費、手續費向船主征收的噸稅（tonnage duties），亦即船舶稅，也是廣義的交通稅。① 力勝本來是針對實際載貨的船隻所征收的稅錢，原則上來説

---

① 斯波義信. 宋代商業史研究 [M]. 臺北：稻禾出版社，1979.

對於過關的空船應當免除征收，如：

> 三年七月二日，方仲荀、張綸等言："荊湖路州軍攬載官中糧斛客船，乞放免沿江州軍上水空船力勝稅錢。"(《食貨》一七)

同時，運載官物的政府傭船也有免除力勝的特權，如：

> 諸空船及綱運并攬載官物，而收草堡力勝錢者，杖壹佰，許人告。(《慶元條法事類》三六)

并且政府所征傭的商船，如混載二成私貨，其私貨也可免力勝稅，其旨在將官船所擁有的特權分與商船以增加商人的收益，借以保全官物運輸，如：

> 九月十三日，兩浙轉運司奏："本路歲發上供額斛萬數浩瀚，奉旨直達都城，唯藉綱運趁限裝發，了辦歲計。緣本路所管綱船并是三百料，與他路大料綱船不同，除許附載私物外，裝發米數不多。近朝旨許加一分力升(勝)，通舊二分附載私物。今乞依政和令，許二分附載私物，情願將逐船所剩力升如無私物攬載，即加裝斛斗，每二十石添破一夫。所得雇夫錢米，不唯優恤兵梢，實於官物不致侵盜，兼亦使愛惜舟船，委得利便。今來所乞二分附載私物，每船一隻，裝米二百四十石外，有六十石力外，若願加裝米斛，每二十石添破一夫，每船增三夫，以酌中平江府至都城地理約度，共添得雇夫錢七貫五百文、米二石二□，即與附搭客人行貨所得錢數不致相遠，所貴綱梢愛惜官物舟船。"從之(《食貨》四五)

針對米斛等物品可免征力勝，如：

> 乞行下諸路守臣，遇客人興販米斛，不得阻過。其免收力勝錢自有見行條法。乞行下逐路監司，約束所在場務遵守。(《食貨》一八)

如遇災荒或物價踴貴時期也可免收力勝稅，如：

> 七年正月二日，詔："在京小民□用之物，多自外販。比

緣外方荒歉流移，物來稍少，其價甚貴，細民艱食。自今應在京及畿内油、炭、麹、布、絮商稅并力勝錢，并權免收，不得邀阻搜檢。違者以違御筆論，仍特與理爲課額。其稅錢令户部月具數數申尚書省取旨撥還數。"(《食貨》一七)

八月十九日，詔旱傷去處，如客旅興販米斛過稅場，即時免稅通放，不得妄作雜稅及船力勝收錢。(《刑法》二)

然而在現實中，違反法禁以種種名目征納力勝的行爲在《輯稿·食貨》中屢見不鮮，如針對空船征收力勝：

比年不止兩處，凡泝流而上，至於荆峽虚州，往來謂之力勝；舟中本無重貨，謂之虚喝，宜征百金，先抛千金之數，謂之花數，騷擾不一。(《食貨》一八)

此外，以力勝爲名對過往車船橫加征斂的現象也十分多見，如利用力勝稅名目在法規之外加征通行稅：

仲友造置浮橋，破費支萬餘貫錢，騷擾五縣百姓，數月方就。初以濟人往來爲名，及橋成了，却專置一司，以收力勝爲名，攔截過往舟舡，滿三日一次放過，百端阻節搜檢，生出公事，不可勝計。此項若不早與奏聞，行下廢罷，却是本州添一稅場。(朱熹《按唐仲友第三狀》)

又有對本應免征稅的物品如米斛等依舊征納力勝，如：

十八年十一月十三日，户部言："客販食用米斛，依累降指揮，與免稅錢，務要米斛通行。訪聞州縣往往違法，依舊收稅，或以力勝爲名。乞下諸路監司約束州縣，許令人户任便般販，不得依前阻過。如敢違戾，仰監司按劾以聞，將州縣當職官并稅務監官重賜黜責，公吏時行決配，仍許人户越訴。"(《食貨》一七)

二十三日，中書、門下言："場務收稅，皆有格目。訪聞沿流等處舟船經過，必留旬月，多喝稅錢，甚者指食米爲酒米，指衣服爲布帛，空船則多收力勝，行裝則以爲興販，錢物不附赤曆，所由巡欄之徒什伯爲伍，上船上牌，打卯打醋，騷

擾不一，致使商旅不行。"(《食貨》一八)

十四年八月十三日，淮西總領趙汝誼言："今歲之旱，惟江東、兩浙爲甚，而江西、湖南、北、兩淮其間多有熟處。今誠能通諸路之米散之江、浙，則民得足食，糶不騰貴。然欲求諸路之米，須免征稅而後可。朝廷於征米之禁，非不切至，而州縣每遇米船，則別爲名目，謂之收力勝、喝花稅。花稅者，以無爲有；力勝者，計所載之多寡，以稅其舟。又額外增置場務，初以收各州土產物貨住稅爲額，而馴致收客旅往來之稅。如潭州之橋口、隆興府之樵舍、江州之湖口、和州之施圍以類是也。行旅之人受重征苛取之苦，無所赴愬。乞行下江東西、湖南、北、兩淮守臣，許聽從客人興販米斛赴江、浙旱傷州郡。仍約束所在場務，遇有米船經過，不得以收力勝、喝花稅爲名，時刻留滯。如違，許客人赴監司、臺部越訴，官吏重真典憲。"(《食貨》一八)

此外，《輯稿·食貨》中還有很多單詞出現率很低的稅名，蓋多爲臨時創制的地方性苛雜賦稅，如：

二十七年五月十四日，戶部言："秘書丞楊拜彌言：'潭州舊屯駐大軍二千人，續減下一千人，其券食等錢（係）諸縣分認，每月解錢七千餘貫，號曰贍軍，（并）是巧作名目。如收納麴引錢、罪賞錢、約束錢、罰錯錢、賣紙錢、詞狀到事錢、諸色助軍錢之類，種種不一。'"(《食貨》六四)

總領所照得四川鹽貨，州縣稅務不止從省額收稅，又有額外增收，如買酒錢、到岸錢、塌地錢之類，皆是一時增創。(《食貨》二八)

十一月一日，臣僚言："淮甸州縣自紹興二十一年起理二稅之外，其間逐年創行科斂，名色不一，曰上供錢，曰大禮銀錢，曰天申節銀錢，曰土貢銀錢，曰人使歲幣錢，曰亭館錢，曰雇船縻費錢，曰貼撥錢，其他苛細科擾，不可具陳。乞行蠲除。"(《食貨》六三)

不僅如此，《輯稿·食貨》中可見的賦稅征納手段也體現了當時的

《宋會要輯稿·食貨》
賦稅詞語研究

横征暴斂，其中比較典型的是"支移"。《宋史·食貨志》載："宋代歲制，其輸有常處，而以有餘補不足，則移此輸彼，移近輸遠，謂之'支移'。"支移是一種賦稅的征調政策，最初的主要目的是供應軍需，保證軍隊補給，但後來逐漸演變成了一種剝削手段，政府根據財政用度的需求，無償調動百姓運輸財賦，成爲一種賦稅加勞役的征納制度。宋代又規定："支移非急切及軍期，而人户願納支移物價、脚錢者，聽。"這本來是百姓爲了免除支移的勞役之苦向政府繳納的一定的運輸費用，但隨著時間的推移，"脚錢"成了與支移無關的一項雜稅，政府以此爲名横加征斂，"脚錢"的名目也越來越多，《輯稿·食貨》中可見的脚錢名目有"脚費""水脚錢""船脚錢""米脚錢""米估脚錢""地里脚錢"等，如：

五月十三日，權知劍州湯沂言："本州民户有稅草添收脚錢，并川路有米估脚錢，欲望并賜除放。"（《食貨》六三）

體訪得陝西路近里州軍逐年將人户稅租不用條令，便行估價納錢，貼納脚費。其所定價不實，民間輸納，比本色支移各有陪費。乞下有司申嚴抑勒之禁，以寬民力。（《食貨》七〇）

成都府路人户見理運對糴米脚錢三十五萬貫，可并予除放。（《食貨》六三）

近日宣州太平縣布衣史敦仁上書，言州縣輸納多增水脚錢等事。宜令户部看詳。此亦民間之害，不可不禁止也。（《食貨》六八）

民稅米聽輸縣，米一石别輸船脚錢七十，官爲運至潭州。（《食貨》七〇）

應去年冬見欠夏稅及倚閣者，特除之，今年夏、秋特放五分，其緣納并雜供之物，一切停之。其當納雀鼠并地里脚錢，及麟、府二州曾經戎寇侵掠處，其四年見欠夏、秋及前所倚閣者，并除之，今年二稅特減五分。（《食貨》七〇）

"加耗"也是一項由支移而來的雜稅，政府以在支移運輸過程中的損耗爲借口而增設。《輯稿·食貨》中可見加耗的名目還有"正耗""官耗""倉耗""省耗""脚耗""耗剩""三七耗"等，如：

乞申嚴法禁行下諸路州縣，不得更似前日大收加耗。(《食貨》九)

州縣間常賦秋苗、義倉，官耗各有定數，而受納官吏，往往於額外別立名色，謂之"加三收耗"及"脚耗"之類，民戶受弊，至有納一、二倍纔及正額者。(《食貨》五三)

九月，詔京東、河北諸州民以大小麥折納預請和市絹錢，宜免其倉耗及頭子錢。(《食貨》三七)

其每歲納粟，正收省耗，著於籍。(《食貨》五四)

所謂耗剩者，當據縣倉所納苗米若干，然後取耗剩若干。(《食貨》六二)

廣德軍廣德縣歲額苗米，在國初時，係津般赴宣州水陽鎮送納，其後人户為重湖阻隔不便，乞就本軍倉納，仍於正苗上每斗出耗米三升七合，充宣倉脚乘之費，名曰"三七耗"。(《食貨》七〇)

此外，濫置稅場也體現了賦稅的剝削。北宋仁宗、神宗時期，地方政府增設稅場、稅關，從北宋至南宋時期，稅關的增加傾向愈加顯著，如：

九月二十二日，明堂赦："昨降指揮，令四川、江東、西、湖南、北漕司，將管下州軍縣鎮不係舊來收稅一面增置稅場，立便住罷；仍將合收稅處，不得過收稅錢。"(《食貨》一七)

濫設稅關也就意味著征稅頻率的增加，為了增加征稅次數，稅場稅務還實行"分額"及"回稅"這樣的手段，如：

十二月十日，上封事者言："關市之征，古者以禁遊手，於是乎征之。今也有一務而分之至十數處者，謂之分額；一物而征之至十數次者，謂之回稅。乞訓敕州郡，非省額者不許私置，已稅者不許再征。"從之。(《食貨》一七)

三十年六月十八日，戶部言："臣僚乞：人户輸納匹帛内有不應式者，止合退換。比年以來，間有州縣復生奸弊，遇受納夏稅之日，差胥吏於場中別置一所，如有退換紬絹，每匹令人户納錢，名曰回稅，既不正附赤曆，其錢莫可稽考。望嚴立

法禁。"(《食貨》六四)

"分額"大約是一稅務分至數十次收稅,"回稅"則爲以各種理由就一種物品多次征稅的手段。同時,其他嚴苛的征納手段也層出不窮,如"格納"即以船隻規格收稅,往往造成納稅的不公平。

十二月二日,瓊管體量朱初平言:"海南收稅,用船之丈尺量納,謂之'格納'。其法分爲三等。假如五丈三尺爲第二等,則是五丈二尺遂爲第三等。所減纔一尺,而納錢多少,相去十倍。加之客人所來州郡物貨貴賤不同,自泉、福、兩浙、湖廣來者,一色載金銀匹帛,所值或及萬餘貫;自高化來者,唯載米包、瓦器、牛畜之類,所值或不過二三百貫。其不等如此,而用丈尺收稅,甚非理也。以故泉、福客人多方規利,而高化客人不至,以此海南少有牛米之類。今欲立法,使客船須得就泊瓊、崖、儋、萬四州,不用丈尺,止據物貨收稅訖,官中出與公憑,方得於管下出賣。其偷稅之人,并不就海口收稅者,許人告,并以船貨充賞。"(《食貨》一七)

又有對本無實物的舟船進行納稅,即"虛喝"或"喝花稅",如:

十月二十五日,中書門下省言:"客販米斛,依法不合收稅。累降指揮約束,不得妄作名色阻節。今來尚敢虛喝稅錢,顯是違戾詔旨。專委漕司覺察按劾,當職官吏重作施行。"(《食貨》一七)

四月二十六日,臣僚言池州、雁州、黃州、鄂州稅場之弊:"一、舟船實無之物,立爲名件,抑令納稅,謂之虛喝。"(《食貨》一八)

朝廷於征米之禁,非不切至,而州縣每遇米船,則別爲名目,謂之收力勝、喝花稅。花稅者,以無爲有;力勝者,計所載之多寡,以稅其舟。又額外增置場務,初以收各州土產物貨住稅爲額,而馴致收客旅往來之稅。(《食貨》一八)

## 本章小結

　　語言活動反映了社會經濟發展的軌迹，《輯稿·食貨》賦稅詞本身就是宋代賦稅制度的寫照，宋代商稅稅名的統一與固定反映了商業的繁榮，城市稅收名目的增多體現了宋代城市規模的不斷擴大。同時，稅收征納過程中中介人的出現反映了宋代賦稅制度和經濟生活的新變化。然而我們還應當看到，宋代的大量課雜稅目和繁雜的征納手段體現了封建制度下統治者對人民的殘酷剝削。

# 第四章 《宋會要輯稿·食貨》賦税詞對辭書的補正

《漢語大詞典》的原則是"只收漢語的一般詞,排除兼容并蓄、無所不包的最初設想"①,因此《輯稿·食貨》賦税詞中大部分詞是未被收入《漢語大詞典》的。然而,《輯稿·食貨》還是能爲《漢語大詞典》等辭書的修訂提供一定的材料,賦税詞中有一些已被《漢語大詞典》收録,但存在釋義不全和例證過晚的情况,并且還有少量詞未被收入,故而本章擬選取部分《漢語大詞典》中未收、義項疏漏及疏證過晚的《輯稿·食貨》賦税詞進行分析,希望能對辭書的修訂有所補益。

## 第一節 《宋會要輯稿·食貨》賦税詞爲辭書增補詞目

本書從《輯稿·食貨》中挑選出五條可爲《漢語大詞典》增加詞目的賦税詞,這些詞亦未見於《〈漢語大詞典〉訂補》《辭源》《辭海》等大型辭書,兹考釋如下。

### 一、【鈔旁】【旁】

《輯稿·食貨》賦税名稱中有"鈔旁定帖錢"一目,税收鈔據中有"鈔旁"一詞,"鈔"指的是官府征收錢物所給的單據,而"旁"應當是宋代的一種文書,《輯稿·食貨》五一:"左藏支俸錢衣賜勘旁,如旁數小於帖數,即據旁支;大於帖數,即子細根勘。"説明宋代左藏庫支領

---

① 羅竹風. 漢語大詞典 [Z]. 上海:上海辭書出版社,1986.

錢衣賜需要勘驗"旁"和"帖",勘驗的程序如下文所錄:

  應三糧料院每日批勘文旁,須次日實封送左藏庫,本庫立便上簿,監官封記,到日,候請人到庫,將請受曆與正勾省帖勘同,於省帖及曆內批書日分,拆開文旁,對曆支付。所支文旁、正勾省帖粘連合帖,入當月或次月帳內除破。又所支官物,依舊例降正勾支帖下糧料院幷合支庫務,候支絶入帳。除破之時,將旁契勘元支省帖同,即入帳開破。如省帖內文旁未到,及已支檢旁未見,委監官置曆,抄上職位、姓名、所支物色名件,明言:"甚年月日,省帖內有檢尋未見文旁,候月帳入省,令省司追索文曆點檢,同前都手分於曆上勘同,著字隨帳入勾磨勘",亦上下批鑿書字,仰磨勘司責領交付專、副收掌,候得替,造成一帳。有償那下無省帖者,文旁即將曆照證旁上年月、錢數、官位、指揮同,即依例於一帳內開破。(《輯稿·食貨》五一)

  可見,"旁"又稱"文旁",它和"帖"(或"正勾省帖")、"受曆"都是支領錢物所必須勘驗的文書,只有在三者比對毫無出入的情况下,錢物的支領工作才能完成。那麼此處的"旁"或"文旁"起於何時呢?汪聖鐸、馮紅在《旁:宋代的一種官文書》[①]一文中考證,宋代的"文旁"當源於唐代的"文傍",《唐六典·尚書户部》中記載:"凡庫藏出納皆行文傍,季終而會之。"唐代國庫出納需要用到"文傍",這與宋制非常相似。不僅如此,汪、馮二位學者還考證出宋代的"旁"有兩種:一種是官吏軍兵領取俸禄的"文旁",又稱"交旁";另一種就是"鈔旁",即民户的納税憑證,故而"旁"在宋代可以說是運用比較廣泛的一種文書。然而"旁"又是如何從語義上發展出文書這一含義的呢?我們認爲這與"旁"的憑依義有關。孔安國傳曰:"旁,近也。"《莊子·齊物論》:"奚旁日月。"陸德明《經典釋文》曰:"旁,依也。"《漢書·食貨志》:"旁緣莽禁。"顔師古注曰:"旁,依也。"可見"旁"有依義,唐代稱"文旁"爲"文傍","傍"亦有依靠義,《説文·人部》:"傍,

---

① 汪聖鐸,馮紅. 旁:宋代的一種官文書[J]. 河北學刊,2010 (3).

近也。"可由"近"引申爲依靠,《漢書·武帝紀》:"遂北至瑯琊,并海。"顏師古注:"并讀如傍。傍,依也。"可知"傍"與"旁"音意皆可通。同時唐代的文書中還有"文憑"一詞,乃用作憑證的官方文書,如《舊唐書·李德裕傳》:"臣今於蒜山渡點其過者,一日一百餘人,勘問唯十四人是舊日沙彌,餘是蘇、常百姓,亦無本州文憑,尋已勒還本貫。""文憑"乃得義於以文書爲憑借,與"文旁"的引申情況相類,宋代無論是"文旁"還是"鈔旁",都是一種有憑據作用的文書,官兵憑借文旁申領俸祿,人戶依據鈔旁完納稅收,"旁"都是作爲根據的一種文書或證書,因此,"旁"在宋代是一種運用非常廣泛的官文書。《漢語大詞典》未收"鈔旁"這一詞目,詞頭"旁"下也未列"宋代通行的官文書"這一義項,我們認爲是可以增補的。

## 二、【科抑】

《輯稿·食貨》賦稅詞中有"科抑"一詞,如:

> 九月六日,又言:"淳熙十六年上半年,舒州有剩鑄到鐵錢八萬四千二百六十餘貫,蘄州有剩鑄并去年見在等錢共八萬一千五百餘貫,各已降指揮,令糴米樁管。深慮逐州所產不敷,却有科抑。"詔令淮西運判王厚之體訪見本路委是得熟,可以糴米去處,即將舒、蘄州見在鐵錢措置分糴。(《食貨》四二)

《説文·禾部》:"科,程也。从禾从斗。斗者,量也。"又訓爲"品",《廣雅·釋詁》:"科,品也。"馬叙倫謂:"品皆謂平停耳,科程所以平物之輕重或多寡也。"而"品"又有按一定標準、等第安排之義,如《國語·周語中》:"品其百籩,修其簠簋。""科"亦由品義引申爲按類分派,如"科撥""科派""科敷"等,故"科"當有按類攤派之義。"抑"本義爲按壓,《説文·印部》:"𢑚,按也。从反印。抑,俗从手。"蔣紹愚在《古漢語詞彙綱要》中指出:"引申是基於聯想作用而產生的一種詞義發展。甲意引申爲乙義,兩個意義之間必然有某種聯繫,或者説意義有相關的部分。""按壓"動作本來是具體的,由具體的按壓可以引申出對情感等抽象物的按壓，如《楚辭·九章·懷沙》："冤屈而自抑。"王逸注："抑，按也。"要壓制必須使用強制力量，故而"抑"又引申爲強逼義，如"抑勒"，范仲淹《奏乞罷陝西近里州軍營田》："官吏不能體朝廷之意，將遠年瘠薄無人請佃逃田，抑勒近鄰人户分種，或令送納租課。"實際上這裏的"抑"與"勒"引申軌跡是類似的，《説文·革部》："勒，馬頭絡銜也。"古文字"勒"象以手用力張革之形，無論是拉緊繮繩止馬還是張革都必用強力，故而"勒"引申出強制之義，如"勒令""勒索"，後又與"抑"構成聯合式動詞，表示強逼壓制。因此，"科抑"即科派抑勒，就是強制攤派之義。《漢語大詞典》收"科派"與"抑勒"，而未收"科抑"。

## 三、【紐折】【紐計】

《輯稿·食貨》中見"紐折""紐計"二詞，如：

八月三日，敷文閣待制張子顔言："朝廷見今措置兩淮營田官莊，臣於真州及盱眙軍境内有水陸田、山地等共一萬五千二百六十七畝，謹以陳獻。"詔價直令户部<u>紐計</u>，支降度牒給還。繼而張（完）[宗]元以真州已產二萬一千八百一十三畝、楊存中以楚州寶應縣田三萬九千六百四十畝并牛具船屋莊客等獻納，并從所請。（《食貨》三）

本司契勘本路昨已經方田縣内有增稅數多縣分，已依朝旨施行外，有十餘縣比舊額雖有增出數目，皆係逐户逐色毫忽圭撮<u>紐計</u>，無不均之數，即非蹙剩爲名。（《食貨》四）

如委實元祐公案不見，欲依本官所乞，依鄉原體例，<u>紐折</u>出賣。其應冒占係省官田宅之家，指揮到日，限半月，許人户自行陳首，依祖來租課輸納佃賃。（《食貨》六一）

其見監兩浙欠一分以上、餘路欠一分五厘以上之人，候納及前項分厘，并雜物綱令所屬庫分將元押及見欠數目估價<u>紐折</u>，依此施行。（《食貨》四八）

《説文·糸部》："紐，系也。"《禮記·喪服大記》："小斂大斂祭服不倒皆左衽，結絞不紐。"孔穎達疏："生時帶并爲屈紐，使易抽解，若死則無復解意。"引申爲彎曲、曲折義，因而"紐計""紐折"當爲折算義，《輯稿·食貨》中可經常看到以錢折物或以物折物反復折變的例子，如：

> 諸路稅賦應支移折變，官司往往反覆紐折，如合納見錢，小估價直，令輸紬絹，却以紬絹之直折納絲綿，又將所折絲帛却納見錢之類，重困民力。（《食貨》六一）

故"紐計""紐折"意即折算，《漢語大詞典》未收。

## 四、【攬子】

《輯稿·食貨》有"攬納""攬子"二詞，如：

> 八年二月四日，臣僚上言："州縣倉庫受納糴買，國用所繫。永靜軍縱令攬納粗惡稅斛八萬餘碩，略行估剝虧官錢三萬緡，却於攬納户處賤糴黃米入公使庫，償以淡酒。又令納倉獻送遺利錢數百緡，復以酒持送倉官，雖知州但以不知情贓金，而粗惡損折之物無緣償足。切慮此類尚多，欲乞應總領財用監司巡曆所至，檢察違戾者奏劾。"從之。（《食貨》四〇）

> 比年以來，所輸之絹往往紕薄，其弊在於受納官不加之意，胥吏與攬子互爲弊倖。計囑既至，其絹雖下，與之輸入；若計囑不至，其絹雖善，則多方沮抑。民户既苦其沮抑，攬子然後得以制其權。攬子以重價取諸民户，而以半賂胥吏。胥吏所得既多，於民户之自納，則宜乎與攬子相爲姦利。乞嚴敕州縣受納之官，重戢胥吏、攬子，聽從民户自輸，惟在照應色額，（忽）〔勿〕誤支遣。（《食貨》六八）

《漢語大詞典》未收"攬子"一詞，只收錄"攬納"一詞，意爲"包攬代納賦稅"，釋義無誤，而其疏證首例舉《元史·刑法志》，我們認爲"攬納"在宋代賦稅制度中首先出現，是宋代賦稅的典型制度，故《漢語大詞典》宜收更早期用例。前文已論述，攬納活動是宋代商業中介向稅收領域延伸的結果，是宋代稅收制度的特殊發展，故而此詞條例證當舉如《宋會要輯稿》等宋代文獻中的語例爲佳。此外，《漢語大詞典》收録"攬户"，意爲"專以承攬他人稅賦輸納從中取利者"。"攬户"與"攬子"同義，"子"爲名詞詞尾，上古漢語已出現，中古漢語使用增多，常用於指稱人，如"郎子""妃子""老子""新婦子"等①，"攬子"即指宋代參與賦稅攬納活動的主體，以"攬子"稱"攬户"爲中古漢語特點。《漢語大詞典》收"攬户"而未收"攬子"。

## 五、【展閣】

《輯稿·食貨》有"展閣"一詞，如：

> 十二月十二日，臣僚言："江東西路頻年災傷，民户逃移至多。今歲圩田遭水，山田遭旱，朝廷寬恤，放免秋苗，展閣夏稅，至今圩岸猶未修築，流民未盡復業。若以經界後至今僅三十年不曾檢覈之事，一旦於目下荒歉之際驟然舉行，深恐擾民。"（《食貨》一〇）

"展"有寬延、延遲義。《史記·酷吏列傳》："令冬月益展一月，足吾事矣。"《資治通鑒·宋文帝元嘉二十七年》："展至十月，吾無憂矣。"胡三省注："展，寬也。"《宋史·孝宗紀一》："戊寅，詔展巡幸之期。"《輯稿·食貨》中"展限""展免"均表示對賦稅的推遲完納。而"閣"即懸停、擱置義，《廣雅·釋詁》："閣，止也。"故而"展閣"即推遲、擱置，在《輯稿·食貨》中指推遲賦稅的完納，與"倚閣""開閣"不同。《漢語大詞典》未收。

## 第二節　《宋會要輯稿·食貨》賦稅詞爲辭書增補義項

本書從《輯稿·食貨》中挑選出兩條可爲《漢語大詞典》增補義項的詞，茲考釋如下。

---

① 向熹. 簡明漢語史［M］. 北京：商務印書館，2010.

## 一、【力勝】【力勝錢】

《輯稿·食貨》中可見"力勝"和"力勝錢"二詞，如：

> 五年九月二十三日，詔："東南六路販入京斛斗，自今年十月爲頭，依舊收納力勝。"（《食貨》一七）

> 五年正月二十八日，除沿漢江州軍渡船力勝錢。（《食貨》一七）

"力勝"或"力勝錢"乃宋代征收比較普遍的一項雜稅，而"力勝"實際上具有兩種含義，其中之一是指船舶的承載能力，如：

> 十二月十二日，詔："自今裝載揚、楚、通、泰、真、滁、海、濠州、高郵、漣水軍等處稅倉和糴斛鬥，并依裝轉般倉斛鬥空重力勝例，并以船力勝五十石爲准，定裝細色斛鬥四十石，與破牽駕兵士一名，其空船亦依差裝轉般倉例。"（《食貨》四六）

此處明確指出"船力勝"一語是指船舶的規格，并解釋了船舶載滿時的裝載能力與空船的區別。《輯稿》中船力勝的單位通常是"料"或"碩"，如：

> 四年七月三十日，户部言："准都省批下發運副使宋輝劄子：契勘本司舊行轉般支撥綱運裝糧上京，自真州至京，每綱船十隻，且以五百料船爲率，依條八分裝發，留二分攬載私物，如願將二分力勝加料裝糧，聽。八分正裝計四百碩，每四十碩破一夫錢米，二分加料，計一百碩。舊法：每二十碩破一夫，建炎二年，内裝發東京糧緊切，（畫）[畵]降聖旨：加料每十碩，支破一夫。"（《食貨》四七）

據此，斯波義信在《宋代商業史研究》中認爲，力勝是表示船的規模（船型）的用語，重量單位爲"石"（即"碩"）或"料"，并且力勝既不是總噸數（gross tonnage，船體及其甲板以上的建築物中的容量），也不是純噸數（net tonnage，裝載貨物或旅客的船内容量），更不是排水噸數，而是表示船舶可裝載貨物之重量的"重量噸數"（deadweight tonnage）。① 此外，力勝并不專門限用於船舶，也可用於車輛，如：

> 二年四月二十七日，詔："應客販糧斛、柴草入京船車，經由官司抑令納力勝、商稅錢者，從杖一百科罪。許客人越訴。收數多法應重者，自從本法。"（《食貨》一七）

故而在《輯稿》中，"力勝"是表示船舶車輛規模的用語。而針對船舶的實際承載進行征收的稅，在《輯稿·食貨》中也被稱爲"力勝"或"力勝錢"，如前文所述，這種力勝本是合法征納的交通稅，但在實際施行中往往變爲以力勝爲名的法外征納。無論是合法的征收還是非法的苛納，"力勝"和"力勝錢"都是宋代附加雜稅的一種。《漢語大詞典》中收錄"力勝"一詞，意爲"奮力戰勝"，與船舶規格義無涉，并且，《漢語大詞典》收錄了"頭子錢""市利錢"等宋代附加雜稅詞目，"力勝"和"力勝錢"同樣也是宋代史料中比較常見的雜稅稅目，我們認爲《漢語大詞典》可增此條。

## 二、【開閣】

《輯稿·食貨》中有"開閣"一詞，如：

> 十一月二十六日，兩浙運副李謨言："被旨催納湖、秀州、平江府上供米斛。據平江府具到今年苗米三十萬餘碩，內逃田<u>開閣</u>四萬三千餘碩，災傷檢放八萬二千餘碩。契勘本府鄉村田畝，比之他處，最係肥田，竊慮暗有椿占，及不親臨檢視。乞下浙西提刑司專委官覆實，將不職官吏送所司根勘，重賜行遣。如所委官輒敢隱蔽不實，許監司互察，依此根勘。"從之。（《食貨》六一）

"開"有赦免、開脫義。《尚書·多方》："乃胥惟虐於民，至於百爲，大不克開。"孫星衍疏："又言桀於民乃皆惟暴虐於民，至於所爲百事，大不能開釋於麗罪者。"引申爲免除、消除，如晉陸機《演連珠》

---

① 斯波義信. 宋代商業史研究［M］. 臺北：稻禾出版社，1979.

之四四:"臣聞理之所守,勢所常奪;道之所閉,權所必開。""閣"意即擱置,《廣雅·釋詁》:"閣,止也。""開閣"意即免除與擱置。前文已論述"開閣"爲宋代針對逃田的減免税收制度,由於人户逃移田土而官府無法征税,故而實行開閣,即免除税收,來減少人户逃移。《漢語大詞典》收"開閣"一詞,釋爲"開閣",即"大臣禮賢愛士",宜補充"免除擱置"義項。

## 本章小結

《輯稿·食貨》賦税詞語屬於專門領域的術語,《漢語大詞典》旨在收録漢語的一般詞語,因而《輯稿·食貨》中的大部分詞彙不見於《漢語大詞典》。但是《輯稿·食貨》中還是有一些詞彙值得《漢語大詞典》收録,限於時間和精力,本章只選取了其中部分詞彙進行考釋,其餘詞彙可留待今後作更爲深入和具體的研究。

《輯稿·食貨》中的賦税詞語對宋代經濟發展史研究有著重要的語料價值,對其進行研究和考釋不僅有助於我們從語言學角度了解宋代詞彙的風貌,也有助於我們從歷史學角度了解宋代經濟和政治制度的發展。對詞彙的研究和梳理也有助於我們在閱讀史料的過程中掃除一定障礙,對相關的研究有所裨益。總之,我們期待辭書編纂工作能夠提升對《宋會要輯稿》等史書語料的關注,從而更全面地輯録和解釋詞彙。

# 結　語

　　本書以《宋會要輯稿·食貨》爲一個封閉的語料庫，采取定量統計、共時描寫、歷時研究等方法對其中的賦税詞語進行了分類統計和研究，探索了賦税名稱輯本語素的歷時演變，并結合歷史資料，對《輯稿·食貨》賦税詞中反映的宋代經濟生活與政治生活展開了分析與探索。

　　前人對《宋會要輯稿》的研究主要集中在文獻學和歷史學方面，未對其進行較爲系統的語言學尤其是詞彙學方面的研究，學界對史書所見經濟學詞彙的系統研究亦少有人涉及。本書著重對《宋會輯稿·食貨》中所見賦税類詞彙進行研究，涉足了前人所未及的領域，對拓展專書詞彙研究領域有一定的助益。此外，本書將詞彙與歷史相結合，以詞彙學爲切入點，在詞彙發展演變中勾勒了歷史發展的輪廓，從而加深了對詞彙演變與社會經濟發展關係的認識。

　　《宋會要輯稿》是一部宋代史料淵藪，卷帙浩繁，内容博雜，以筆者有限的知識水平無法對其作窮盡性的研究，這是本書的一大缺憾。此外，本書還存在諸多不足。第一，對賦税詞彙的分類不夠精準，由於"賦税"屬於財政税收的歷史範疇，我們無法以現代税收標準來界定古代的税收制度，故而賦税詞中也收錄了一些介於税收和其他財政手段之間的詞，如"禁榷""榷酒""榷鹽"等，這主要是由筆者的史學與經濟學水平不足造成的。第二，筆者原本希望研究賦税的征納物資詞，然而在搜集和遴選詞目的過程中發現宋代的實物征納物資極其龐雜，如果加上土貢所征納的物資，就會存在大量較難考釋的名物詞，超出了筆者的研究範圍，故而本書選擇研究直接與賦税制度緊密聯繫的詞，征納物資這一類詞語姑俟來者作更爲具體的研究。第三，本書雖然對《輯稿·食貨》的賦税詞彙作了分類，但并未對每一類詞作出更爲具體的分析與詳盡的考釋，這是本書的又一大缺憾，今後希望能夠對其作更爲系統的研究，以更好地反映宋代賦稅詞語的面貌。第四，筆者的專業爲古代漢語詞彙史，經濟學和歷史學知識積累不足，對相關領域的研究不夠深入，故而沒能更好地將史書詞彙和歷史、經濟發展史相結合，這也是本書的另一缺憾，同時也是筆者今後努力的方向。

# 參考文獻

## 一、工具書

陳初生．金文常用字典［Z］．西安：山西人民出版社，1987．

東洋文庫．宋會要輯稿食貨篇社會經濟用語集成［Z］．東京：東洋文庫，2008．

胡厚宣．甲骨文合集釋文［Z］．北京：中國社會科學出版社，1999．

李圃．古文字詁林［Z］．上海：上海教育出版社，2000．

馬如森．殷墟甲骨文實用字典［Z］．上海：上海大學出版社，2008．

羅竹風．漢語大詞典［Z］．上海：上海辭書出版社，1986．

王力．同源字典［Z］．北京：商務印書館，1982．

夏征農，陳至立．辭海［Z］．上海：上海辭書出版社，2009．

徐中舒．漢語大字典［Z］．成都：四川辭書出版社，武漢：湖北辭書出版社，2010．

中國社會科學院語言研究所詞典編輯室．現代漢語詞典（第5版）［Z］．北京：商務印書館，2005．

中國大百科全書總編輯委員會．中國大百科全書［Z］．北京：中國大百科全書出版社，2009．

## 二、專著

班固．漢書［M］．北京：中華書局，1962．

陳紀瑜. 財政學［M］. 長沙：湖南大學出版社，2003.
陳寅恪. 金明館叢稿二編［M］. 上海：上海古籍出版社，1980.
陳智超. 解開《宋會要》之謎［M］. 北京：社會科學文獻出版社，1995.
董秀芳. 詞彙化：漢語雙音詞的衍生和發展［M］. 成都：四川民族出版社，2002.
段玉裁. 說文解字注［M］. 南京：凤凰出版社，2009.
符淮青. 詞義的分析和描寫［M］. 北京：外語教學與研究出版社，2006.
郭在貽. 訓詁學［M］. 北京：商務印書館，2005.
黃金貴. 古代文化詞義集類辨考［M］. 上海：上海教育出版社，1995.
蔣紹愚. 古漢語詞彙綱要［M］. 北京：商務印書館，2005.
劉琳，刁忠民等. 宋會要輯稿［M］. 上海：上海古籍出版社，2014.
呂叔湘. 呂叔湘全集［M］. 沈陽：遼寧出版社，2002.
舊唐書［M］. 北京：中華書局，1975.
李心傳. 建炎以來系年要錄［M］. 北京：中華書局，1956.
李心傳. 建炎以來朝野雜記［M］. 北京：中華書局，2006.
李亞農. 欣然齋史論集［M］. 上海：上海人民出版社，1962.
李友元. 財政學（第二版）［M］. 北京：機械工業出版社，2009.
馬端臨. 文獻通考［M］. 北京：中華書局，1986.
歐陽修等. 新唐書［M］. 北京：中華書局，1975.
漆俠. 宋代經濟史［M］. 上海：上海人民出版社，1987.
任學良. 漢語造詞法［M］. 北京：中國社會科學出版社，1981.
斯波義信. 宋代商業史研究［M］. 臺北：稻禾出版社，1979.
脫脫. 宋史［M］. 北京：中華書局，1985.
脫脫. 遼史［M］. 北京：中華書局，1974.
脫脫. 金史［M］. 北京：中華書局，1975.
湯中. 宋會要研究［M］. 北京：商務印書館，1932.
王浦. 唐會要［M］. 北京：中華書局，1955.

汪聖鐸. 兩宋財政史［M］. 北京：中華書局，1995.
王雲海. 王雲海文集［M］. 鄭州：河南大學出版社，2006.
王雲海.《宋會要輯稿》考校［M］. 鄭州：河南大學出版社，2008.
王雲路. 中古漢語詞彙史［M］. 北京：商務印書館，2010.
王曾瑜. 錙銖編［M］. 保定：河北大學出版社，2006.
薛居正等. 舊五代史［M］. 北京：中華書局，1976.
許慎. 說文解字［M］. 北京：中華書局，2007.
徐松. 宋會要輯稿［M］. 北京：中華書局，1957.
徐松，陳智超.《宋會要輯稿》補編［M］. 北京：全國圖書館文獻微縮複製中心，1988.
項文惠. 嘉業堂主——劉承幹傳［M］. 杭州：浙江人民出版社，2005.
向熹. 簡明漢語史［M］. 北京：商務印書館，2010.
楊伯峻. 春秋左傳注（修訂本）［M］. 北京：中華書局，1990.
葉蜚聲，徐通鏘. 語言學綱要［M］. 北京：北京大學出版社，2010.
楊洪升. 繆荃孫研究［M］. 上海：上海古籍出版社，2008.
楊寬. 西周史［M］. 上海：上海人民出版社，2003.
于省吾. 甲骨文字釋林［M］. 北京：中華書局，1979.
周伯棣. 中國財政史［M］. 上海：上海人民出版社，1981.
趙爾巽等. 清史稿［M］. 北京：中華書局，1977.
張聯榮. 古漢語詞義論［M］. 北京：北京大學出版社，2007.
張守軍. 中國古代的賦稅與勞役［M］. 北京：商务印书馆，1998.
曾昭聰. 汉语词汇训诂专题研究导论［M］. 廣州：暨南大学出版社，2010.
張志毅，張慶雲. 詞彙語義學［M］. 北京：商務印書館，2005.

## 三、學位論文

陳榮傑. 走馬樓吳簡佃田、賦稅詞語匯考［D］. 重慶：西南大學，2012.

程震. 宋代"折博"考釋 [D]. 昆明：雲南大學, 2010.

戴寶囡. 宋代支移制研究 [D]. 沈陽：遼寧大學, 2014.

何立民. 湖南長沙走馬樓三國吳簡複音詞研究 [D]. 上海：復旦大學, 2012.

李明龍. 長沙走馬樓三國吳簡賬户詞語研究 [D]. 重慶：西南大學, 2006.

李忠偉. 《宋史·食貨志》工商名物詞研究 [D]. 重慶：重慶師範大學, 2013.

馬峰燕. 北宋中期東南地區城鎮的數量、商稅與空間分布研究——以《宋會要輯稿·商稅雜錄》爲中心 [D]. 上海：復旦大學, 2010.

馬泓波. 《宋會要輯稿·刑法》整理與研究 [D]. 西安：陝西師範大學, 2005.

冉啟斌. 《唐律疏議》詞彙研究 [D]. 成都：四川大學, 2002.

錢莊. 唐代農民納稅程序及成本研究》 [D]. 成都：四川師範大學, 2014.

宋潔. 《宋會要輯稿》人口資料研究 [D]. 鄭州：鄭州大學, 2009.

王紅雷. 宋代商稅征收管理制度 [D]. 重慶：西南政法大學, 2012.

王建志. 北宋減免農民賦役制度研究 [D]. 鄭州：河南大學, 2006.

楊永兵. 宋代買撲制度研究 [D]. 昆明：雲南大學, 2010.

## 四、期刊論文

包偉民. 宋代城市稅制再議 [J]. 文史哲, 2011 (3).

蔡次薛. 我國貢、賦、稅的起源 [J]. 財政, 1982 (4).

陳智超. 《宋會要》的利用與整理 [J]. 文獻, 1995 (3).

鄧廣銘. 《宋會要輯稿考校》評介 [J]. 史學月刊, 1986 (1).

董志翹. 敦煌社會經濟文獻詞語考略 [J]. 語文研究, 2002 (3).

馮勝利. 韻律構詞與韻律句法之間的交互作用 [J]. 中國語文,

2002（6）.

苟仁金，羅雪松. 實物稅向貨幣稅過渡的橋梁——折色［J］. 草原稅務，1997（6）.

甘文. 中國古代貢、賦、租、稅、捐、役述考［J］. 新西部，2012（14）.

關永禮. 徐松、繆荃孫與傳世珍籍《宋會要輯稿》的整理與刊印［J］. 湖南人文科技學院學報，2015（1）.

韓長耕.《宋會要輯稿》述論［J］. 中國史研究，1996（4）.

黃純艷. 宋代船舶的力勝與形制［J］. 廈門大學學報，2015（6）.

黃英. 敦煌社會經濟文獻"借貸"概念場常用詞歷史演變研究［J］. 前沿，2011（16）.

賈大泉. 宋代賦稅結構初探［J］. 社會科學研究，1981（3）.

李華瑞. 試論宋代工商業稅收中的祖額［J］. 中國經濟史研究，1999（2）.

李合群. 宋代"過稅"減免制度［J］. 北京社會科學，2017（2）.

寧鎮疆. 周代"籍禮"補議——兼說商代無"籍田"及"籍禮"［J］. 中國史研究，2016（1）.

青山定雄. 宋會要研究備要（目錄）序［J］. 聶蓮增，王雲海，譯. 河南師大學報，1981（3）.

喬曉金，衛月望. 宋代鈔幣"官交子""會子"質疑［J］. 中國錢幣，1984（3）.

沈建華. 卜辭所見商代的封疆與納貢［J］. 中國史研究，2004（4）.

孫銘. 簡牘秦律中的田租征收事務［J］. 農業考古，2014（6）.

田曉忠. 論宋代二稅田賦的征納流程［J］. 歷史教學，2015（20）.

王棣. 論宋代縣鄉賦稅征收體制中的鄉司［J］. 中國經濟史研究，1999（2）.

王棣. 宋代賦稅的制度變遷［J］. 華東師範大學學報，2011（3）.

王浩禹. 論宋代城市土地利用稅［J］. 雲南社會科學，2015（4）.

王瑞來. 點校本《宋會要輯稿》述評［J］. 史林，2015（4）.

汪聖鐸. 北宋兩稅稅錢的折科［J］. 許昌師專學報，1980（2）.

汪聖鐸，馮紅. 旁：宋代的一種官文書［J］. 河北學刊，2010（3）.

王貴民. 試論貢、賦、稅的早期歷程——先秦時期貢、賦、稅源流考［J］. 中國經濟史研究，1988（1）.

王坤. 宋代河渡中的買撲經營［J］. 和田師範專科學校學報，2009（5）.

王石夫. 試論"貢、助、徹、藉"［J］. 浙江學刊，1996（3）.

吳樹國. 宋代雜稅演進考論［J］. 鄭州大學學報，2010（1）.

王雲海. 《宋會要》兩議［J］. 河南師範大學學報，1982（4）.

王雲海. 宋朝《總類國朝會要》考［J］. 河南大學學報，1998（1）.

王雲海. 徐輯《宋會要》原稿的"副本"問題［J］. 河南師範大學學報，1983（4）.

王雲海. 再校《宋會要輯稿》的幾點體會［J］. 史學月刊，1987（4）.

王戰場. 宋代賦稅倚閣制度與地方災害救助［J］. 德州學院學報，2015（3）.

徐東升. 展限、住催和倚閣——宋代賦稅緩征析論［J］. 中國史研究，2007（4）.

熊燕軍. 20年來宋代佃田制研究綜述［J］. 韓山師範學院學報，2005（2）.

袁俏玲. 語言與經濟的關係探微［J］. 湖南科技學院學報，2007（5）.

楊升南. 甲骨文中所見商代的貢納制度［J］. 殷都學刊，1999（2）.

余小滿. 宋代的征榷與科配［J］. 商丘師範學院學報，2009（4）.

楊渭生. 《解開〈宋會要〉之謎》讀後［J］. 歷史研究，1997（3）.

趙曉華. 清代賑捐制度略論［J］. 中國政法大學學報，2009（3）.

于振波. 從簡牘看漢代的户賦與芻槀稅［J］. 故宮博物院院刊，2005（2）.

張懷軍. 先秦時期的基層組織"丘"［J］. 天津師範大學學報，

2000（1）.

朱彥. 複合詞語義的曲折性及其與短語的劃分［J］. 世界漢語教學，2005（1）.

鄭志強，方寶璋. 宋代稅收監督制度及其對當代的影響［J］. 閩江學院學報，2006（6）.

## 五、電子文獻

漢籍電子文獻資料庫［DB］.

漢語大詞典 3.0 版［DB］.

國學大師電子文獻資料庫 3.3 版［DB］.

牛海楨. 清代的西北邊疆史地學［EB/OL］. 國家清史纂修工程網，2004－05－26.

文淵閣四庫全書電子版［DB］.